온라인으로 선교합니다

온라인으로 선교합니다

지은이 | FMnC 선교회
초판 발행 | 2021. 7. 28
등록번호 | 제1988-000080호
등록된 곳 | 서울특별시 용산구 서빙고로65길 38
발행처 | 사단법인 두란노서원
영업부 | 2078-3352   FAX | 080-749-3705
출판부 | 2078-3331

책 값은 뒤표지에 있습니다.
ISBN 978-89-531-4044-8   03230

독자의 의견을 기다립니다.
tpress@duranno.com   www.duranno.com

스마트 선교, 복음을 담을 새 부대가 되다

온라인으로 선교합니다

● FMnC 선교회 지음 ●

디지털 신대륙,

온라인 세상을 복음화하라!

두란노

하늘나라에 계신 고건 교수님(1948. 9. 6-2018. 10. 26)께 이 책을 드립니다.

교수님은 광야 같은 이 땅에서 순례자의 길을 걸으시면서
하나님을 미소 짓게 하는 것을 삶의 목표로 삼으셨으며,
이웃을 섬기기 위해 무던히도 노력하셨습니다.

다가오는 스마트 선교 시대의 비전을 가슴에 품고
동료 사역자와 동고동락하시던 모습이 눈에 선합니다.
이 책의 근간이 되는 '스마트 비전 스쿨'의 토대를 쌓는 데 큰 역할을 하셨습니다.
고맙습니다!

하나님의 부르심으로 2018년 가을 저희 곁을 훌쩍 떠나셨지만,
저희는 쉽게 놓아 드리지 못하고 있었습니다.
그 미소와 유머가 늘 저희 가슴에 남아 있으니까요.
"이 책 보내 드릴 테니 좋은 의견 있으면 나중에 알려주세요"라는 말로
이제 작별 인사를 합니다.

늘 평안히 계십시오.

추천사

코로나19로 선교지 현장에서 많은 선교사가 어려움을 겪고 있고, 일시 귀국하는 선교사도 많다. 지금은 새로운 선교 전략이 절실히 필요한 상황이다. 이런 상황에서 선교의 돌파를 위한 새로운 시도인 스마트 선교를 소개한 이 책은 여름철의 시원한 냉수가 되어 주리라고 생각한다.

이 책은 스마트 선교 전략뿐 아니라 현장에서 검증된 사례와 방법이 구체적으로 기술되어 모든 그리스도인이 쉽게 읽고 적용할 수 있다. 언제나 어디서나 선교에 참여할 수 있도록 돕는 이 책을 한국의 모든 성도님에게 적극 추천한다.

— 강대흥, 한국세계선교협의회(KWMA) 사무총장

선교는 크게 텍스트와 콘텍스트 또는 본질과 시대 변화라는 두 가지 요소 사이에서 늘 긴장을 요구한다. 본질에 대한 새로운 발견이 선교의 새로운 방식을 가져오기도 하고, 반대로 새로운 방식의 발견이 본질에 대한 새로운 발견을 가져오기도 한다.

오래전부터 시대 흐름과 선교의 새로운 방식에 주목한 사람들이 있었고, 불모지에서 하나하나 발로 뛰며 만들어낸 노력이 한 권의 책으로 열매를 맺게 되었다.

코로나19로 '선교와 IT'가 주목의 대상이 되고 있다. "앞으로는 IT 선교를 해야 한다"라는 막연한 구호가 아니라 페이스북, 블로그, 유튜브 등 다양한 도구와 일반인에게는 생소할 수 있지만 앞으로 더욱 중요해지고 주목받게 될 블록체인까지 전문가들의 손을 거친 다양한 방식이 소개되어 있다. 지침서처럼 옆에 두고 필요할 때마다 도움을 받을 수 있는 책이 되어 줄 것이다. 이 새로운 방식이 선교의 본질에 대한 새로운 발견으로 이어지기를 소망하며 기쁜 마음으로 추천한다.

— 권성찬, GMF(한국해외선교회) 대표

예수님은 우리에게 십자가와 부활 생명의 복음을 맡기셨고, 교회는 가깝게는 이웃, 멀게는 해외에서 선교 활동을 벌이고 있다. 그 과정에서 하나님이 주신 수단을 사용하는 것은 당연한 일이다. 사도 바울은 도보로 이동하거나 배를 이용했지만, 지금은 자동차와 비행기를 타고 다닌다. 마찬가지로 전에는 말과 문서로 전도했다면 지금은 IT를 활용한다. 페이스북, 블로그, 유튜브, Search for Jesus 등을 통해 선교 대상자들과 연결되고 그들에게 복음을 전하고 양육하고 있다. 그런데 코로나를 겪으면서 이런 수단이 더 중요해지고 있다. 온라인 예배, 공동체 성경 읽기 커뮤니티, 기부 플랫폼 체리 등은 선교 공동체를 하나로 묶어 주고 동반 성장하게 해주는 수단이다. 비전트립 앱, 코딩 교육, 컴퓨터 센터 구축 프로젝트 등은 오프라인과 온라인 선교 사역을 연결시켜 준다. 이 책이 새로운 시대에 새로운 선교의 지평을 열어 줄 것을 기대한다.

— 김운성 목사, 영락교회 담임

2016년 3월, 구글이 개발한 알파고와 프로기사 이세돌과의 5번기 대국은 세계사적 사건이었다. 이 대국을 지켜보면서 하나님께서 새로운 시대의 문을 여신다는 흥분이 일어났다. 4차 산업혁명과 함께 "땅 끝까지 이르러 내 증인이 되리라"(행 1:8)는 주님의 선언이 놀라운 방식으로 일어나고 성취되리라는 기대감이 일었다.

그렇다. 역사의 주관자인 하나님은 마지막 때의 대부흥과 선교를 위해 IT를 개발하셨고, 그것을 놀라운 방식으로 사용하실 것이다. 그리고 전 세계를 이곳으로 불러 모으시고 지금까지와는 전혀 다른 새로운 방식으로 하나님의 나라를 세워 가실 것이다. 그런 의미에서 이 책은 시기적으로 너무나 중요한 때 출간되었다. 목회자와 선교사, 성도 등 모두에게 필독을 권한다.

새로운 시대의 문이 열렸고, 우리는 그 속으로 뛰어들어야 한다. 미지의 세계를 향한 두려움으로 머뭇거리기보다 주님의 손에 의지해 그 속으로 뛰어들길 바란다. 이 책은 알찬 지침서가 되어 줄 것이다.

"뜻이 하늘에서 이루어진 것같이 땅에서도 이루어지이다!"

— 손성무 목사, TFC(That First Church) 네트워크 책임자

세계는 놀랍도록 빠른 속도로 바뀌고 있다. 교회도 이런 변화에 속히 적응해야 한다. 지역 교회의 목회자로 세상의 변화 가운데서 목회에 대한 고민이 많다. 그러나 이런 변화 역시 하나님의 주권 아래 있음을 믿는다. 우리 그리스도인들이 변화에 적응함으로써 세상을 이끌어 나가야 한다고 생각한다.

이 책은 시대적 변화를 읽어 내어 이런 변화에 어떻게 적응하고, 또 새롭게 전도하고 선교할 수 있는지 구체적인 방법을 제시하고 있다. 그리고 현재 우리 삶 가운데서 복음을 전하는 데 유용하게 사용할 수 있는 많은 방법을 제시하고 있다. 예수님을 기쁘시게 하는 그리스도인으로 세워지기를 기대하며 이 책을 적극적으로 추천한다.

— 원재춘 목사, 갈보리침례교회 담임

코로나19 팬데믹으로 전 세계 선교 사역에 비상이 걸렸다. 세상은 이미 상상 이상으로 바뀌었고, 앞으로 더 많은 변화를 겪게 되지 않을까 싶다. 선교는 더욱 그럴 것이다. 그러나 이런 상황에 대해 하나님도 당황하셨을까? 그렇지 않을 것이다. 한쪽 문이 닫혔을 뿐, 하나님은 선교의 새 문을 열어 놓으셨다. 역사가 증명하듯 새로운 선교의 문은 이전 선교 방식에 비해 탁월하고 풍성할 것이다. 이런 상황에서 이 책은 정말 흥미롭고 충격적이고 도전이 된다. 마치 하나님이 "두려워하지만 말고 내가 열어 놓은 문을 보라"고 말씀하시는 것 같다.

4차 산업혁명 시대를 맞아 우리나라 선교계는 이미 여러 해 전부터 꾸준한 관심을 가지고 'IT 선교' 또는 '스마트 선교'라는 이름으로 다양한 사역 방법과 솔루션을 개발하고 적용해 오고 있었다. 너무나 감사한 일이 아닐 수 없다. 세상을 모두 연결하는 인터넷을 통해 페이스북 등 SNS나 Search For Jesus 등 온라인 전용 플랫폼을 이용해 타문화권 사람들에게 복음을 전할 수 있다는 것은 선교 분야의 큰 혁신이라고 하겠다.

선교사들이 직접 현지에 가서 선교 활동을 하는 전통적인 방식의 선교도 여전히 유효하지만, 스마트 선교라는 새로운 시도를 감행한다면 더 큰 시너지 효과를 넬 것으로 기대된다. 선교에 관심을 가진 사람뿐 아니라 모든 목회자와 평신도 리더들에게 필독서로 삼으라고 권하고 싶다.

— 유기성 목사, 선한목자교회 담임

IT 선교의 매뉴얼이 될 귀한 책이 출간된 것을 진심으로 축하한다. FMnC 선교회는 한국 교회 선교와 IT 기술을 융합시킨 선교 단체로, 그동안의 사역 기술과 코로나19 상황 가운데서 얻는 선교적 아이디어를 융합해 한국 교회와 선교 단체가 공유할 수 있는 가이드를 제시하기에 충분한 자질을 가지고 있다. 여러 교회와 선교 단체에서 실제로 접목하여 열매를 거두고 있는 사례들과 함께 설명한 이 책은 지금까지 '온라인 선교'라는 명칭이 등장한 이래로 가장 충실한 IT 기반의 선교 방법론을 담고 있다. 코로나19 팬데믹이 지속되는 가운데 한국 선교계에 주어진 하나님의 선물이라는 생각이 든다. 특히 유튜브를 통한 사역과 비대면 온라인 예배가 중요한 추세가 되어 버린 이때 바람직한 크리스천 유튜버가 되는 길과 온라인 예배에 대한 실제적인 아이디어까지 제시하고 있어 매우 흥미롭다. 이 귀한 책을 통해 한국 교회와 선교 단체가 온라인/비대면 선교 사역에서도 큰 열매를 거두기를 기대하며 추천한다.

— 이재훈 목사, 온누리교회 담임

우리는 다음 세대에게 신앙을 전수해야 하는 막중한 사명이 있다. 그런데 어떻게 다음 세대에게 신앙을 전수할 수 있을까? 한 가지 분명한 것은 다음 세대에게 신앙을 전수하려면 다음 세대가 원하는 방법으로 복음을 전해야 한다는 것이다. 우리의 다음 세대는 모두 온라인상에 있다. 요즘은 메타버스에 모여 있다. 그렇다면 우리도 복음을 갖고 그들이 있는 곳으로 찾아가야 한다.
다음 세대를 위한 새로운 선교 전략이 필요한 시점에 맞춰 매우 유용한 책이 출간되었다. 어떻게 해야 온라인상에서 효과적으로 복음을 전할 수 있을까? 다음 세대에게 익숙한 IT 기술을 활용하여 어떻게 복음을 전하고 신앙생활을 해 나갈까? 비대면 시대에 예배의 본질을 잃지 않으면서 신령과 진정으로 예배드릴 수 있는 방법은 무엇일까? 이 책은 이런 고민과 질문에 대해 명쾌하게 해답을 제시해 줄 것이다. 이 책을 모든 성도님께 강력히 추천한다.

— **이전호 목사, 충신교회 담임**

2020년을 지나면서 IT 기술의 눈부신 발전으로 사회 전체에 패러다임의 변화가 일어나고 있다. 코로나 팬데믹으로 비대면 모임과 예배가 일상이 되었다. IT와 사회적 변화로 선교 방법도 다양성을 더해 가고 있다. 이제는 현장에서 직접 발로 뛰는 선교뿐 아니라 IT에 기반을 둔 스마트 선교로 언제 어디서나 누구나 전 세계를 대상으로 복음을 전할 수 있게 되었다.

이 책은 국내외에서 활동하는 선교사들이 교회와 선교 현장에서 짧게는 수년에서 길게는 십수 년에 이르는 시간에 걸쳐 얻은 스마트 선교 방법, 도구와 경험을 생생하게 들려준다. 향후 IT 선교와 타 문화권 선교를 고민하고 있는 교회와 단체에 좋은 참고서가 될 것이다. 개인의 신앙 발전과 선교에 관심을 가진 크리스천 커뮤니티 리더와 성도님께도 일독을 권한다.

— **이호수 박사, SK텔레콤 고문**

코로나19로 인하여 팬데믹 상황이 지속되면서 우리의 평범한 일상과 예배에 큰 도전과 변화가 요구되고 있다. "비대면 상황 속에서 어떻게 예배를 드리고, 어떻게 성도의 교제를 이어 나갈 수 있을까?" "팬데믹 시대에 선교를 위한 귀한 부르심을 어떻게 하면 변함없이 신실하게 수행할 수 있을까?" 이런 중요한 도전을 교회와 성도들을 향해 제기하고 있다.

이런 요구에 반응하는 귀한 책이 나왔다. 오랜 기간 인터넷으로 말미암아 바뀌게 될 선교 환경에 대한 고민과 대안을 위해 씨름해 왔던 이들의 몸부림이 담긴 귀한 책이다. 코로나19에 따른 환경의 급속한 변화에 대처하기 위해 급하게 쓰인 책이 아니라 오랜 경험을 통해 검증되고 열매 맺은 다양한 방법이 소개되고 있어 변화하는 시대에 발맞춰 선교적 대안을 고민하는 사람들에게 큰 유익을 주리라고 여겨진다.

다가오는 시대는 지금까지 변화했던 것보다 더 큰 변화가 있을 텐데, 코로나19는 그런 급격한 변화를 보여주는 하나의 시그널이다. IT 선교의 필요성이 더욱 강조되고, 선교의 활성화를 위한 대면/비대면의 다양한 방법과 도구도 나올 것이다. 이 책은 그런 시도 가운데 하나로 새로운 시대, 새로운 방법으로 변함없이 전 세계에 복음을 전하는 일에 귀하게 사용되리라 믿기에 즐거이 추천하는 바이다.

— 화종부 목사, 남서울교회 담임

한국세계선교협의회에서 100만 자비량 선교 운동을 시작한 지 20년이 지났다. 스마트 선교는 이 시대 100만 자비량 선교 운동에 주도적으로 참여할 수 있는 선교 전략이다. 현재 가나안 성도와 탈교회화 현상에 대안을 주는 글로벌 하비스트 시스템(Global Harvest System)을 위한 미션 디지털 플랫폼(Mission Digital Platform)의 확대가 절실히 필요하다. 인류의 역사를 통째로 바꾸는 새로운 르네상스, 언제나 어디에서든 누구나 선교에 참여할 수 있는 스마트 선교에 여러분을 초대한다.

이 책은 스마트 선교에 동참할 수 있는 구체적이고 다양한 방법을 소개하고 있다. 다가오는 시대에 합리성과 초월성을 결합하고, 집단 지성과 집단 영성을 결합해 총체적 선교에 동참하길 원하는 마음으로 일독을 추천한다.

— 황성주 박사, 한국세계선교협의회(KWMA) 부이사장

발간을 축하하며

오래 기다렸던 책이 드디어 세상에 나오게 되었다. 21세기에 걸맞은 '스마트 선교'를 위해 하나님이 주신 귀한 선물이다. 지나온 여정을 살펴보면서 감사와 축하를 드린다.

21세기 들어와 교회에서 인터넷과 웹을 이용해 정보와 설교 등의 미디어를 제공하고 있다. 2010년대에 접어들면서 IT를 이용해 언제 어디서나 누구나 선교에 참여할 수 있는 스마트 선교에 눈뜨기 시작했다. FMnC 선교회가 스마트 선교라는 새로운 선교 패러다임으로 새 시대를 여는 프론티어 역할을 했다. 그리고 그후 10여 년간 꾸준한 발전이 있었다.

스마트 선교의 체계적인 발전 전략의 일환으로, 2014년 스마트 선교를 위한 IT 선교사를 양성하고자 10주의 교육 과정을 개설했다. 바로 SVS(Smart Vision School)이다. SVS 교육 과정에서 각 분야의 전문가로 구성된 강사진이 기술과 선교를 관통하는 다양한 강의를 제공했다. 새로운 접근법에 대한 반응은 매우 좋았다. 그런데 해를 거듭하면서 교과 내용에 대한 보다 일관성 있고 정리된 교재에 대한 아쉬움도 커졌다.

한편 2019년 말부터 시작된 코로나19 팬데믹 사태로 사회적 패러다임이 급격히 바뀌면서 크리스천 커뮤니티에서도 교육과 선교 전략을 다시 생각하게 되었다. 예를 들면 "온라인으로 어떻게 효과적인 교육을 제공하고 복음을 전할 수 있을까" "디지털 기술에 익숙한 차세대에게 어떻게 하면 복음을 잘 전할 수 있을까" 등이다. IT 기술과 연계된 스마트 선교의 필요성이 절실해졌다. 개인뿐 아니라 교회나 신학교에서도 IT에 기반을 둔 스마트 선교와 이를 효과적으로 수행하기 위한 맞춤형 교육에 보다 많은 관심을 가지게 되었다. 그 결과 SVS 교육에 대한 관심이 대폭적으로 증가했다.

이 책의 출발점은 SVS 과정에서 사용할 목적으로 2016년 FMnC 선교회 내부에서 만든 교재에 있다. 그후 토픽을 더하고 더 알찬 내용과 구성으로 한 권의 책이 탄생하기에 이르렀다. 이 책에 수록된 스마트 선교 방안이나 도구 등은 국내외에서 선교 활동을 하는 선교사들이 사무실, 교회, 선교 현장에서 수년에서 십수 년에 걸쳐 기도와 땀으로 이루어낸 귀한 결과물이다. 스마트 선교 소개, 해외 선교에 유용한 언어 앱, 코딩 스쿨을 통한 선교, 온라인 전도 사역 플랫폼, 블로그 선교, 온라인 공동체 성경 읽기에 기반을 둔 양육 사역, 유튜버 선교 방법, SNS를 이용한 복음 전파, 비대면 온라인 예배 지침, 블록체인 플랫폼을 통한 선교 후원, 컴퓨터 센터 구축 방안 등 실질적이고 다양한 내용으로 꾸며졌다. 하나하나가 하나님께 올린 귀한 향기다. 선교 사역에 IT를 다양하게 적용하는 방법을 알려주는 이 책은 향후 IT 선교와 타 문화권 선교를 생각하는 교회와 단체에게 좋은 참고서가 되어 주리라고 믿는다.

이 책은 우리 모두의 귀한 자산으로, 향후에는 이 시대를 좇아가기보다 가치 있는 콘텐츠로 진화되기를 바란다. 이 작업을 한 단체나 교회가 홀로 감당하기란 쉽지 않은 일이다. 앞으로 이 시대 스마트 선교의 비전을 주신 하나님의 인도하심에 따라 여러 교회와 단체가 힘과 지혜를 모아 연합하여 추진하는 것이 바람직하다고 하겠다.

끝으로, 각자 생업과 선교 활동으로 분주한 가운데 마음에 담은 감동의 스토리를 한 땀 한 땀 꼼꼼히 써 주신 저자들 모두에게 감사드린다. 또한 출간을 위해 많은 수고를 아끼지 않은 여호수아 선교사, 이수정 이포넷(E4Net) 대표, 전생명 선교사, 이윤석 목사, 임성근 형제 그리고 스마트 선교를 위한 순례 길을 함께 걷다가 2018년 먼저 하나님 품으로 가신 고건 교수님에게 특별한 감사를 드린다.

2021년 7월

이호수(SK텔레콤 고문)

목차

Part 1. 새로운 선교 패러다임

Part 2. 온라인 선교 솔루션

이 책이 나오기까지 25년의 시간이 필요했다. 1995년에 전 세계적으로 인터넷이 보급되었다. 삼성SDS연구소에서 멀티미디어와 관련된 연구를 하고 있었던 나는 인터넷 보급으로 신앙생활과 전도, 선교가 많이 바뀌게 되리라고 생각했다. 그때부터 개인적으로 PC통신에서 기독동호회를 만들어 말씀 묵상을 나누고, 개인 홈페이지를 통해 말씀을 공유했던 기억이 난다. 그후로 IT 기업들의 벤처 붐이 일어났고, 굴곡은 있었지만 IT 기업들의 영향력은 점점 더 커져 가고 있다.

이런 상황에서 2013년부터 '스마트 선교의 필요성'을 지속적으로 언급해 왔다. 적지 않은 사람들이 스마트 선교의 필요성에 대해 동감했다. 그러나 구체적인 방법과 도구가 부족해 스마트 선교의 실제를 충분히 경험할 수 없었다. 이 책은 이런 갈증에 반응한 것으로, 스마트 선교의 구체적 방법과 도구를 제시하고 있다. 단순한 아이디어의 차원이 아니라 길게는 20년, 짧게는 몇 년의 경험을 통해 검증되고 열매를 맺은 방법이다. 또한 이 책에 언급된 스마트 선교의 구체적인 방법과 도구에는 재미있는 배경 스토리와 역사가 있다. 간략하게 소개하면 다음과 같다.

용산에서 컴퓨터 조립하는 일을 하던 한 형제가 중앙아시아에 위치한 한 나라에 아웃리치를 다녀왔다. 그곳에서 형제는 매일 만지고 수리하던 중고 컴퓨터로 대학교 컴퓨터 센터를 세우는 비전을 보았다. 다른 형제는

IT 대기업에 다니던 어느 날 기도원에서 기도하던 중 미전도 종족이 사는 국가에 컴퓨터 센터가 세워지는 비전을 보았다. 이런 사람들이 만나 시작한 프로젝트가 '100개 컴퓨터 센터 구축 프로젝트'로 발전했다.

중·고등부를 담당하던 한 목사님은 학생부 친구들과 함께 캄보디아 아웃리치를 준비했다. 어떻게 하면 학생들이 크메르어를 효과적으로 배우고, 아웃리치 기간에 현지인들과 잘 소통할 수 있을지 고민하다가 학생들의 눈높이에 맞춰 스마트폰 앱을 만들었다. 그리고 이런 비전을 가진 선교 단체를 만나 '비전트립 앱'을 만들었다. 비전트립 앱은 현재 40개 이상의 언어를 제공하여 비전트립을 가는 사람들의 애호품이 되었고, 다문화 사역을 하는 사람들에게도 사랑받고 있다.

2014년 미국 시애틀에 출장을 갔다가 세계 여러 나라의 초등학생들이 코딩을 배우게 된다는 뉴스를 접했다. 다음 세대가 교회에서 사라져 가는 안타까운 모습과 선교지의 어린 아이들을 섬길 수 있는 방법을 위해 기도하고 회의하면서 '와우 코딩'(성경 이야기를 코딩) 프로젝트를 시작했다.

2013년 11월 FMnC(Frontier Mission and Computer) 선교회는 YWAM(예수전도단)과 공동으로 로렌 커닝햄(Loren Cunningham)을 주 강사로 모시고 ITMC(IT 선교 콘퍼런스)를 진행했는데, 한국에서 스마트 선교 비전을 최초로 선포한 콘퍼런스였다. 그후 FMnC 선교회는 인터넷을 통해 복음을 증거하는 인터넷 선교 연합체 jesus.net을 알게 되었고, 2016년에는 이 단체의 멤버가 되었다. 또한 2017년 브라질 상파울루 jesus.net 국제대회에서 빌리그래함전도협회(BGEA, Billy Graham Evangelistic Association)를 만났다. BGEA는 이 단체와 함께 한국에서 인터넷 선교를 하길 원했고, 지금 PeaceWithGod.kr이라는 한국어로 된 인터넷 전도 사역을 진행하는 중이다.

2013년에는 불의의 사고로 아들을 잃은 한 선교사님이 카톡을 통해 기도 제목을 나누고 함께 성경을 읽었다. 이렇게 온라인 성경 읽기 사역인 '한나미니스트리'가 시작되었다. 그후로 드라마화한 성경 앱 '드라마바이블'이 한국어로 출시되었으며, 온라인 성경 읽기와 드라마바이블 앱을 연결하여 '데일리 드라마바이블 커뮤니티 사역'(성경 읽기를 통한 양육 사역)을 시작하였다.

2013년 9월 25일 IT CEO들의 모임인 솔리데오에서 한 IT 회사의 사장이 ITMC에 대한 소식을 들었다. 그는 전날 미국 출장을 갔다가 귀국하는 비행기에서 스마트 선교에 대한 비전을 받았고, ITMC를 통해 스마트 선교 비전을 확신하게 되었다. 그리고 회사를 선교적 기업으로 바꾸고, 어떻게 기술을 이용해 선교할지 고민하다가 2019년 체리 기부 플랫폼(블록체인 기반의 선교 후원/기부 플랫폼)을 개발했다. 경쟁이 치열한 영역인 '블록체인'에서 아직 넘어야 할 산이 많지만, 믿음으로 한 걸음씩 나아가고 있다.

2020년 난민 포럼인 A-PEN의 주요 안건(agenda)은 스마트 선교였다. 이 포럼에서는 터키에서 페이스북 페이지를 통해 전도와 교회 개척을 활발하게 진행하는 한 선교사가 본인의 사역을 정리해 발표했다. 그후 이 사역은 여러 나라로 퍼져 나갔다. 이와 관련된 내용은 페이스북을 이용한 복음 전도와 개척 부분에서 소개하고 있다.

지금 우리는 코로나 팬데믹에 적극적으로 대처하기 위해 다양한 시도를 감행해야 한다. 비대면 상황에서 어떻게 예배를 드려야 할까? 새로운 기술을 활용해 어떻게 복음을 전해야 할까? 비대면 상황에서 회심한 사람들을 어떻게 양육해야 할까? 어떻게 가나안 성도들과 공동체를 이룰 수 있을까? 이런 질문을 통해 시도한 여러 이야기도 이 책에서 다루려고 한다.

이 책을 쓰면서 하나하나의 스토리를 통해 다양하게 일하시는 하나님의 역사를 보았다. 세계 곳곳에서 다양하게 진행되는 사역을 함께 나누고자 하는 열정이 한데 모여 작은 책으로 만들어졌다. 이 책은 돌파를 위한 작은 나비의 날갯짓에 불과하지만, 나비의 날갯짓은 봄이 오는 것을 알리고 전 세계의 기후가 바뀌는 전조이기도 하다.

다가오는 시대는 지금까지 변화했던 것보다 더 큰 변화가 있을 것이다. 코로나 팬데믹은 급격한 변화를 가져다줄 하나의 시그널에 불과하다. 이런 변화 가운데서 스마트 선교의 필요성은 더욱 커질 것이고, 스마트 선교의 다양한 방법과 도구가 등장할 것이다. 이 책에서 소개하는 내용은 변화하는 시대에 발맞추기 위한 다양한 시도의 한 단편이다. 이들 단편을 통해 우리의 생각과 마음이 자극을 받아 새로운 시도를 꿈꾸고 이것이 행동으로 이루어지길 소망한다. 새로운 시대에 새로운 방법으로 복음을 증거하며, 하나님과 함께 난관을 돌파해 나가길 바란다.

우리와 함께 새로운 시대를 열어 가자. 새 시대에 맞는 날개를 달고, 함께 새로운 날갯짓을 해 보자.

2021년 7월

저자 대표 전생명 선교사

Online Mission

Part 1.

새로운

선교

패러다임

Chapter 1

스마트 선교로 돌파하라 :
새로운 시대, 새로운 방법의 선교가 온다!

이윤석(FMnC 선교회 총무)

1. 서론

세상은 빠르게 변하고 있다. 2016년 4차 산업혁명이 세계경제포럼의 주제로 다뤄지고, 2016년 구글 알파고가 이세돌 9단을 완파하는 것을 보면서 우리는 세상에 큰 변화가 일어나고 있음을 실감한다. 2020년 전 세계적으로 대유행한 코로나19는 전 세계인이 고수해 오던 삶의 방식을 송두리째 바꾸어 놓았다. 우리는 자의가 아니라 바이러스로 말미암아 익숙한 삶의 방식을 멈추고 새로운 삶의 방식을 재정립해야 하는 시기를 맞았다.

코로나19는 4차 산업혁명이라는 새로운 문명 시대에 전 세계 모든 사람에게 발전된 과학 기술을 효과적으로 사용하는 것이 삶의 기본임을 절실히 깨닫도록 해주었다. 만약 코로나19가 20년 전에 발생했다면 우리 삶은 지금과 비교할 수 없을 정도로 무너졌고, 감염자와 사망자도 엄청났을 것이다.

이런 시대적 변화는 기독교계에도 큰 영향을 미쳤다. 한국 교회는 1970-80년대 고속 성장한 이후 해외 선교에 관심을 갖고 세계 각지에 많은 선교사를 보냈다. 1990년대 이후 목회자가 아닌 평신도도 세계 선교 사역에 대거 참여하게 되면서 한국은 비서구권 국가들 가운데서 가장 많은 선교사를 보내는 국가가 되었다. 그런데 근래 들어 해외 파송 선교사의 수가 정체되는 현상이 나타나고 있다. 그 원인으로 한국 교회의 성장 정체를 지목하고 있는데, 물론 그것도 주요 원인 가운데 하나일 수 있다.

다른 한편으로 우리는 전통적인 방식의 선교 사역 형태가 갖는 효과성이 한계에 도달한 것이 아닌가 하는 관점에서 이 현상을 바라볼 필요가 있다. 어떤 일이든 그 일을 수행하는 가장 좋은 방법이 있기는 하지만 가장 좋은 방법이라고 해도 세상의 모든 필요를 100퍼센트 완벽하게 채우는 것은 불가능하다. 어쩌면 우리가 전통적인 선교 방식의 사역적 잠재력을 거의 활용했기 때문일 수도 있다.

그러나 우리는 무엇보다 전 세계적으로 사회문화적 특성에 큰 변화가 일어났고, 사람들의 라이프 스타일이 상당히 달라졌다는 점에 주목해야 한다. 우리가 사는 지구, 이 세상에 뭔가 크고 특별한 변화가 일어나고 있다. 이런 이유로 전형적인 선교 방식이 예전처럼 큰 성과를 내기 어려워졌고, 새로운 시대의 문화적 특성에 맞춰 새로운 방식으로 선교 사역을 전개해야 할 필요성이 커졌다.

2. 세계 선교의 지리적 확장

하나님은 첫 인류의 타락 이후 계속해서 인류의 회복을 위해 노력하신다. '선교의 하나님'이라고 해도 무방할 정도로 하나님은 모든 민족, 모든 사람이 하나님께 돌아오기를 원하신다. 복음을 모르는 이방인을 하나님께로 돌아오라고 부르는 일, 하나님 나라의 백성이 되도록 요청하고 인도하는 그 모든 일이 선교다.

예수 그리스도는 부활하고 승천하시기 전 제자들에게 "그러므로 너희는 가서 모든 민족을 제자로 삼아 아버지와 아들과 성령의 이름으로 세례를 베풀고 내가 너희에게 분부한 모든 것을 가르쳐 지키게 하라 볼지어다 내가 세상 끝날까지 너희와 항상 함께 있으리라"(마 28:19-20)고 말씀하셨다. 그리고 "오직 성령이 너희에게 임하시면 너희가 권능을 받고 예루살렘과 온 유대와 사마리아와 땅끝까지 이르러 내 증인이 되리라"(행 1:8)고 말씀하셨다. 이것이 바로 선교의 명령이다.

이 명령을 따라 오순절 성령강림 사건 이후 신약 시대에 교회는 교회의 체제와 기능을 다각도로 갖추고 선교하기 시작했고, 그후 교회의 선교는 여전히 진행 중이다. 랄프 윈터(Ralph D. Winter, 1924-2009) 박사는 예수 그리스도의 성육신과 지상 사역 이후 교회가 선교 사역을 전개한 시기를 400년 단위로 끊어 5개 시대로 구분해 제시했다([표 1-1] 참조).

제1기 로마인 선교 시대(AD 1-400): 로마제국 내 거주민을 대상으로 한 선교 시대이다. 사도 바울을 중심으로 한 초대교회 신자들은 성령의 인도하심에 따라 적극적으로 이방인 선교 활동을 수행했다. 그러나 제1기 전체적으로 보면 교회의 계획적인 선교 활동보다는 정치적 핍박을 피해 제국 전역으로 흩어진 신자들을 통해 수행된 비자발적 선교 형태가 더 높은 비중을 차지한 것으로 보인다.[1]

제2기 야만인 선교 시대(AD 400-800): 제국의 국교가 된 기독교는 켈트족이나 앵글로색슨족의 선교를 위해 현재의 영국 지역에 선교 기지를 세웠고, 이곳을 통해 개종한 켈트족과 앵글로색슨족 선교사들이 인근 지역에서 선교 활동을 펼쳤다. 수도회 조직은 이 시기에 만들어져 선교 활동의 주축을 담당했다.[2]

제3기 바이킹족 선교 시대(AD 800-1200): 전반기에는 바이킹족의 침

• • • •

1 랄프 윈터, "하나님 나라가 반격을 가하다: 구속사에 나타난 열 시대", 랄프 윈터·스티브 호돈·한철호 공저, 《퍼스펙티브스 1》(개정판) (고양: 예수전도단, 2016), 469-472.
2 랄프 윈터, 앞의 책, 473-476.

략으로 기독교가 위축되었으나 베네딕트 수도회, 클뤼니 수도회, 시토 수도회 등을 중심으로 수도회가 선교 사역의 주요 역할을 맡았다. 또한 바이킹족도 기독교로 개종해 스칸디나비아 지역에도 기독교가 전파되었다.[3]

제4기 무슬림 선교 시대(AD 1200-1600): 페스트의 대유행으로 유럽 전역이 어려움을 겪는 가운데 십자군전쟁을 통해 기독교 선교 운동을 하는 잘못된 선택을 한 시대였다. 십자군전쟁을 거치면서 기독교와 이슬람의 관계는 심하게 어그러졌으며, 기독교에 대한 무슬림의 반감이 극에 달하는 계기가 되었다.[4]

제5기 땅끝까지 선교 시대(AD 1600-현재): 유럽인들이 지리상의 발견을 통해 세계 전역을 탐험하고 영토를 넓혀 가면서 기독교가 전 세계로 퍼져 나가는 기반이 마련된 시기다. 2차 세계대전 이후 서구 열강의 식민지였던 제3세계 지역이 대거 독립하면서 서구 열강의 영향력이 약화된 반면, 비서구권 국가들 가운데서 기독교가 전파되고 부흥한 나라들이 세계 선교에 적극 참여하는 시대가 되었다.[5]

랄프 윈터 박사가 제시한 초대교회 이후 선교 시대 구분에 따르면 제1기부터 제5기까지 세계 선교는 로마제국에서 시작해 영국, 스칸디나비아, 이슬람권으로 확대되고 지리적으로는 전 세계 곳곳으로 확대되었다. 제5기 땅끝까지 선교 시대가 마지막이지만, 우리는 2000년 이후

• • • •

3 랄프 윈터, 앞의 책, 476-479.
4 랄프 윈터, 앞의 책, 479-483.
5 랄프 윈터, 앞의 책, 483-486.

400년 역시 구분할 필요가 있는 새로운 선교 시대가 되리라고 전망한다.

최근 들어 인류는 새로운 지리 발견에 성공했다. 지금까지 경험한 적 없는 거대한 신대륙을 발견한 것이다. 우리는 그 신대륙을 '제7대륙'이라고도 부른다. 바로 인터넷으로 긴밀하게 연결되어 있는 가상 세계다. 온라인 세계라고도 불리는 이 신대륙은 실제 세계와 연결 관계가 있지만 실제 세계와 별개로 존재한다. 제6기 시대의 인류는 그들이 살아가는 시간의 상당 부분을 가상 세계와 연결된 상태에서 지내며, 가상 세계의 활동에 막대한 시간과 노력과 자원을 투입하고 있다.[6]

구분	시기	주요 특징
제1기: 로마인 선교 시대	AD 1-400	사도 바울처럼 계획적인 선교 활동을 한 경우도 있지만 핍박을 통해 흩어졌던 성도들을 통해 이루어진 비자발적 선교가 많음
제2기: 야만인 선교 시대	AD 400-800	선교 센터 구축을 통한 선교(켈트족, 앵글로색슨족)와 수도회를 통한 선교가 주된 선교 형태
제3기: 바이킹족 선교 시대	AD 800-1200	바이킹족에게도 복음이 전해졌고 베네딕트 수도회, 클뤼니 수도회, 시토 수도회 등이 주요 선교 기관
제4기: 무슬림 선교 시대	AD 1200-1600	선교를 빙자한 십자군전쟁으로 무슬림에게 기독교가 잔인하고 호전적인 종교라는 인상을 심어 줌
제5기: 땅끝까지 선교 시대	AD 1600-2000	유럽인들이 전 세계를 탐험하고 거의 장악하면서 땅끝까지 기독교가 전파되는 기반이 마련됨
제6기: 가상 세계 선교 시대	AD 2000년 이후	제7대륙이라고 할 수 있는 가상 세계를 주요 선교 대상으로 간주하고 가상 세계 거주민에 대한 선교 사역 수행

[표 1-1] 초대교회 이후 선교 시대 구분

• • •

6   이윤석, 《4차 산업혁명과 그리스도인의 삶》(서울: CLC, 2018), 57-60.

교회는 복음을 모르는 사람이 있는 곳이라면 어디든 선교의 대상으로 삼아야 한다. 물론 지리상으로 땅끝에 해당하는 곳까지 전 세계 모든 대륙에서 이미 선교가 이루어지고 있다. 그러나 인지적 네트워크로 연결된 '가상 세계'가 신대륙으로 떠올랐다. 너 나 할 것 없이 수많은 사람이 이 신대륙으로 쇄도하여 새로운 관계를 형성하고 새로운 사업을 벌이며 저마다의 영역을 구축하고 있다. 우리의 선교 사역 역시 방향을 이런 신대륙으로 잡아야 한다.

우리는 이 시기를 '제6기 가상 세계 선교 시대'라고 부른다. 향후 수세기 우리의 선교 초점은 이 가상 세계가 될 것이다.

3. 근대 이후 개신교 선교의 패러다임 변화

종교개혁 이후 개신교의 선교는 18세기 후반부터 본격적으로 시작되었다. 랄프 윈터 박사는 근대 이후 개신교의 선교 패러다임을 3개 시대로 구분한다([표 1-2] 참조). 이 시대 구분에서 우리는 중요한 통찰을 얻을 수 있다.

첫 번째 시대는 '해안선 선교'(1792-1910)로 특징지을 수 있다. 선교사를 파송한 서구 국가들이 증기선을 이용해 접근하기 용이한 해안가 도시들을 주된 선교 대상지로 삼았기 때문에 이런 명칭을 갖게 되었다. 선교사들은 서구 열강들이 식민지 개척 과정에서 세운 여러 무역 도시를 중심으로 선교 활동을 수행했다. 현대 선교의 아버지로 불리는 윌리엄 캐리(William Carey, 1761-1834)는 이 시대를 대표하는 선교사다. 윌리엄 캐리가 인도로 가기 전 설립한 선교회를 시작으로 여러 선교회가 설립되었고, 지역 교회가 아닌 별도의 선교회를 중심으로 선교하는 방식이 일반화되었다. 또 '건초더미기도회' 같은 학생들이 주도하는 선교 운동이 대대적으로 일어났다.[7]

두 번째 시대는 '내지 선교'(1865-1980)로 특징지을 수 있다. 해안선에 집중한 앞선 시대의 선교 활동이 포화 상태에 이르자 선교사들은 복음이 미치지 않은 지역에 대한 새로운 인식을 갖게 되었다. 그동안 서구 선교사들이 거의 들어가지 않았던 중국, 인도, 아프리카 등 내륙 지역이 새로운 선교지로 부상했다. 이 시대의 대표적 인물인 허드슨 테일러(James Hudson Taylor, 1832-1905)는 '중국 내지 선교회'(China Inland Mission)를 조직해 내륙 지방 선교의 새로운 장을 열었다. 선교 헌신자 10만 명을 배출한 '학생자원운동'은 이런 내륙 지역 전방 개척 선교의 동력이 되었다.[8]

세 번째 시대는 '미전도 종족 선교'(1934-2045?)로 특징지을 수 있다. 첫 번째와 두 번째 시대가 해안선에 집중할 것이냐, 내륙 지방에 집중할 것이냐 하는 지리학적 전략을 사용했다면 세 번째 시대는 종족 단위로 구분되는 '미전도 종족'에 선교적 초점을 맞추는 전략을 사용했다는 점에서 구분된다. 종족 집단에 대해 눈을 뜨게 된 것은 W. 캐머런 타운센드(W. Cameron Townsend, 1896-1982)와 도날드 A. 맥가브란(Donald Anderson McGavran, 1897-1990) 덕분이다. 캐머런 타운센드는 별도의 언어

• • • •

7 랄프 윈터, "네 사람, 세 시대, 두 전환기: 현대 선교", 랄프 윈터·스티븐 호든·한철호 공저, 《퍼스펙티브스 1》(개정판)(고양: 예수전도단, 2016), 555-558.

8 랄프 윈터, 앞의 책, 558-560.

Part 1. 새로운 선교 패러다임   29

를 사용하는 종족 집단에 주목했다. 한 국가, 한 지역 내에서도 다른 언어를 사용하는 종족 집단은 별도의 선교 대상이 되어야 한다고 주장하며 1934년 '위클리프 성경번역선교회'를 설립해 각 종족 집단별 성경번역 사역에 힘썼다. 도날드 맥가브란은 종족 집단이 단지 언어를 기준으로만 나뉘는 것이 아니라 사회문화적 차원을 통해서도 구분될 수 있다고 보았으며, 이를 '동질 집단'(homogeneous unit)이라고 불렀다. 두 사람이 내세운 주장은 선교 사역의 새로운 지평을 열었다. 그동안 국가 단위 또는 민족 단위의 선교 활동 범위에서 벗어나 있던 선교 소외 집단을 파악할 수 있었다. 이들이 구별해 낸 '종족 집단'의 개념은 현대 선교에서 매우 중요하게 사용되었다.[9]

한편 이 시대에는 기독교가 광범위하게 확산된 비서구권 국가들이 세계 선교에 활발하게 참여하는 양상을 보인다. 한국도 선교사를 파송하는 주요 국가가 되었다. 또 특화된 여러 선교 단체가 많이 생겨나 선교 사역을 수행하고 있다. 최근 서구의 경우 학생해외선교협회, 한국의 경우 선교한국 등의 조직이 선교 운동의 큰 축을 감당하고 있다. 또한 항공 산업의 발달로 선교사들이 쉽게 본국과 선교지를 오갈 수 있게 되었고, 수많은 단기 선교팀이 선교지를 방문할 수 있게 되었다.

앞서 기술한 근대 이후 세 가지의 선교 패러다임이 우연하게도 사회문화적 변동과 함께 변해 왔다는 점을 발견하게 되었다. 해안선 선교 시대에는 증기기관이 발명되었고, 증기선이 대양을 항해할 수 있게 된 1차 산업혁명 시기와 겹쳐 있다. 내지 선교 시대는 전기, 전화, 라디

• • • •

9 랄프 윈터, 앞의 책, 561-563.

구분	시기	주요 특징	사회문화적 상황
첫 번째 시대: 해안선 선교	1792-1910	'교단' 선교부 유럽권 우세 지리학적(해안선 중시) 전략 건초더미기도회 윌리엄 캐리	1차 산업혁명(1760-1830년) 증기기관 특허 출원(1781년) 증기기관차 발명(1812년) 증기선 대서양 항해 성공(1827년)
첫 번째 전환기	1865-1910		
두 번째 시대: 내지 선교	1865-1980	'신앙' 선교회 미국 우세 지리학적(내지 중시) 전략 학생자원운동 허드슨 테일러	2차 산업혁명(1870-1930년) 전화기 특허 출원(1876년) 최초로 전기 조명 가동(1882년) 라디오파 특허 출원(1896년) 첫 염소 살균 수도 시스템(1897년) 포드 모델 T 양산(1908년) 최초의 TV 방송(1928년)
두 번째 전환기	1934-1980		
세 번째 시대: 미전도 종족 선교	1934-2045(?)	'특화'된 선교 단체 비서구권 우세 비지리학적(종족 집단 중시) 전략 학생해외선교협회 캐머런 타운센드, 도널드 맥가브란	3차 산업혁명(1950-2000년) 최초의 제트 비행기(1939년) 최초의 컴퓨터 에니악(ENIAC)(1946년) 트랜지스터 발명(1947년) 최초의 원자력 발전소(1954년) 매킨토시 PC 출시(1987년)
세 번째 전환기	2000-2045(?)		
네 번째 시대: 스마트 선교	2000-?	'전문' 선교 단체 선진국권(서구/비서구) 우세 비지리학적(가상 세계 중시) 전략	4차 산업혁명(2010년-) 유전자 편집 기술 특허 출원(2012년) 알파고, 이세돌 9단 완파(2016년) 자율주행차 첫 사고(2016년) 플랫폼 기업(구글, 아마존, MS, 애플, 페이스북) 주가 사상 최고치(2021년)

[표 1-2] 근대 이후 개신교 선교 패러다임의 변화

오, 수도, 자동차 등이 발명된 2차 산업혁명 시기와 겹쳐 있다.

'미전도 종족' 선교 시대는 컴퓨터의 발명으로 정보 처리 능력이 기하급수적으로 증가하고 제트 여객기의 개발로 전 세계 각지로의 이동이 획기적으로 수월해진 3차 산업혁명 시기와 겹쳐 있다.

과거의 1-3차 산업혁명이 근대 이후 개신교 선교의 방향성 정립과 무관하지 않았던 것처럼 최근에 시작된 4차 산업혁명의 물결도 향후 우리가 설정해야 할 선교의 새로운 방향과 무관하지 않을 것이다. 4차 산업혁명은 인공지능, 로봇, 사물인터넷, 빅데이터, 자율주행차, 신경과학, 유전공학, 신소재 등의 기술이 획기적으로 발전하면서 서로 융합되어 초연결사회, 고도로 발달된 과학기술사회가 될 것이다.

우리는 4차 산업혁명과 함께 열린 새로운 선교 시대를 '네 번째 시대'로 구분하고, 이 시대의 선교 패러다임을 '스마트 선교'라는 키워드로 부르고자 한다. IT는 3차 산업혁명 시대에도 중요한 역할을 했지만 4차 산업혁명 시대에도 계속 핵심적인 수단이 될 것으로 보인다. FMnC(Frontier Mission and Computer) 선교회는 IT를 선교의 주된 전략적 수단으로 활용하는 대표적인 선교 단체다. 한국에서 FMnC 선교회는 '스마트 선교'라는 새로운 선교 시대를 앞장서서 열어 가고 있다.

4. 새로운 시대의 시작: 4차 산업혁명과 디지털 전환의 시대

새로운 시대는 이미 시작되었다. 세상은 이 새로운 시대를 '4차 산업혁명'(The Fourth Industrial Revolution) 시대 또는 '디지털 전환'(Digital Transformation) 시대라고 부른다. 이 새로운 시대는 문화적으로 특별한 특징을 가진다. 우리는 이런 특징을 잘 분별하여 대처해야 한다.

첫 번째는 바로 '과학 기술'의 놀라운 발전이다. 과학 기술은 이 시대를 특징짓는 가장 대표적인 키워드다. 역사상 이 시대처럼 과학 기술이 발전한 적이 없을 정도다. 발전된 과학 기술은 그동안 인류를 괴롭혀 온 수많은 문제를 효과적으로 해결해 주고 있다. 과거 인류는 스스로의 힘으로 해결할 수 없는 온갖 고통의 문제를 절대자 앞에 나아가 해결 받고자 했다. 어느 시대든 정도의 차이는 있을지라도 신을 찾지 않는 시대는 없었다.

그러나 4차 산업혁명 시대의 과학 기술은 신의 필요성을 급감시키고 있다. 인간 스스로 대부분의 문제를 해결할 수 있게 되었기 때문이다. 유물론적 과학주의가 팽배한 이 새로운 시대는 종교적 관점에서 사실상 '배교의 시대'라고 해도 과언이 아니다. 그리스도인이 아닌 일반인이 생각하는 미래는 고도로 과학 기술이 발전하여 천국과 같은 테크노피아가 만들어지는 것이다. 거기에는 굳이 하나님이 필요하지 않다. 우리는 새로운 시대가 전반적으로 반기독교적 정서가 팽배한 시대가 되리라는 점을 기억해야 한다.

두 번째는 '초연결' 사회가 되었다는 것이다. 이 새로운 시대는 인터넷으로 촘촘하게 연결되어 있다. 이전 시기에 개발되어 전 세계를 연결하고 있는 인터넷은 사물인터넷 기술과 관련된 각종 센서와 전자기기가 연결되면서 인간의 신경망 구조처럼 막대한 데이터를 포함한 거대한 세계적 신경망으로 발전했다. 전 세계 어디든 직접 방문하지 않고도 방문한 것처럼 소통할 수 있는 획기적인 체제가 구축된 것이다. '해안선 선교' '내지 선교' 시대에는 선교지를 방문하는 것 자체가 쉽지 않았고, 선교지와 본국 사이에 의사소통이 제대로 이루어지지 않았다. 그러나 이제는 이런 문제가 획기적으로 개선되었다.

세 번째는 '가상 세계'라는 신대륙의 발견이다. 이 새로운 시대는 가상 세계의 성장과 함께 발전하고 있다고 해도 과언이 아니다. 가상 세계는 실제 세계와 연계되는 부분이 있으면서도 가상 세계 자체만의 의미 영역도 갖는다. 현재 가상 세계에서 사람들의 활동이 급속하게 증가하고 있다. 가상 세계에서는 지리적 한계, 물리적 한계를 뛰어넘어 쉽게 사람들이 모일 수 있다. 무수히 많은 온라인 커뮤니티가 생겨났으며, 오프라인 모임을 보완하거나 대체하는 온라인 모임이 왕성하게 이루어진다. 사람들은 직접 만나는 것보다 가상 세계에서 만나는 것을 더 편하게 느끼기도 한다. 그리고 온갖 종류의 커뮤니티가 '온라인' 상에 존재한다.

네 번째로 말할 수 있는 키워드는 '플랫폼'이다. 새로운 시대를 사는 사람들은 자기만의 방식으로 살기가 어렵다. 소위 세상 문명에서 벗어나 자연 속에서 살아가는 '자연인'은 이런 새로운 시대에 적응해 살아가기가 어렵다. 새로운 시대를 무리 없이 살아가려면 여러 가지 주요한 플랫폼에 속해야만 한다. 예를 들어 구글, 마이크로소프트, 애플, 아마존, 페이스북, 우버, 네이버, 카카오 등 회사가 제공하는 플랫폼을 사용하지 않으면 사회생활을 하기가 매우 어려운 상황에 놓인다. 자신의 의지로 선택할 수 있을 것 같지만 사실상 선택의 여지가 없다. 우리 삶과 연결된 대부분의 영역에서 IT를 기반으로 구축된 거대 플랫폼에 우리 자신을 소속시켜야 일상적인 사회생활이 가능해진다. 우리 삶의 모든 영역이 디지털 전환을 이룬 것이다.

4차 산업혁명 시대, 디지털 전환 시대가 시작되었다. 새로운 시대의 진보 속도는 매우 빠르다. 우리 삶에 필요한 다양한 것이 아주 적은 비용으로 편리하면서도 높은 수준으로 제공된다. 그러나 이 엄청난 과학 기술의 진보를 따라갈 수 있는 사람은 각 분야의 소수 전문가 정도에 불과하다. 대부분의 사람은 사용하는 과학 기술을 충분히 이해하지 못하고 단지 사용자로 참여할 뿐이다. 그래서 우리는 이 새로운 시대가 가져다준 수많은 유익을 누리면서도 우리 삶이 타인에 의해 침해당하거나 통제당하는 삶을 살아가고 있다.

5. 새로운 선교의 시작: 스마트 선교 시대

새로운 시대의 시작과 함께 새로운 선교 시대가 시작되었다. 해안선 선교, 내지 선교, 미전도 종족 선교에 이어서 네 번째 선교 시대는 '스마트 선교'라는 키워드로 특징지을 수 있다. 이것은 새로운 시대가 갖는 사회문화적 특성인 4차 산업혁명과 디지털 전환에 대응하기 위한 선교 전략 차원의 해법이다.

새로운 시대에 맞는 선교 패러다임이 필요하다는 주장은 이미 수년 전부터 있어 왔다. 2001년 설립된 FMnC 선교회는 처음부터 IT를 활용하는 타 문화권 전문인 선교를 목표로 선교 사역을 수행했다. 설립 당시부터 선교 접근 제한 지역에 컴퓨터 교육센터를 세우거나 현지 대학에 컴퓨터 교수로 들어가거나 IT 관련 사업자로 현지에서 활동하면서 복음을 전하는 활동을 하는 전문인 선교 형태를 지향했다.

IT 분야에 특화된 FMnC 선교회는 이미 IT 분야 전문인 선교에 상당

한 경험과 노하우를 쌓으면서 4차 산업혁명이 가진 문화적 특징을 보다 효과적으로 반영할 수 있는 방향으로 선교의 초점을 재정립하려는 노력을 기울여 왔다. 그 방향은 기존의 컴퓨터 교육센터 설립, IT 교수, IT 비즈니스 등 전문인 선교 사역 모델 외에 초연결 상태의 가상 세계를 상대로 하는 선교 활동, 가상 세계와 실제 세계를 연계하여 타 문화권 선교 대상자를 대상으로 선교 활동을 수행하는 선교 방식의 개발이다.

2013년 FMnC 선교회는 YWAM과 함께 첫 ITMC(IT Mission Conference) 대회를 공동 개최했다. 그후 격년으로 FMnC 선교회의 주도 아래 ITMC 대회를 개최하고 있으며, 이를 다양하고 구체적인 '스마트 선교' 활동을 발굴하고 확산시키는 장으로 삼고 있다. FMnC 선교회는 스마트 선교를 "IT를 활용하여 언제나, 어디서나, 누구나 선교하는 것"으로 정의한다. 이런 스마트 선교의 정의는 기존의 IT 중심 전문인 선교 개념에서 크게 확장된 것이다.

기존의 IT 전문인 선교는 '미전도 종족 선교'라는 세 번째 선교 시대의 전통적 선교 방식을 기본으로 한다. 그래서 타 문화권 선교 현지에 선교사가 가서 IT를 중심으로 현지에서 IT 교육센터를 운영하거나 IT 비즈니스를 하거나 IT 교수로 일하면서 현지인을 상대로 복음을 전하는 방식으로 사역한다.

근래 새롭게 정의된 스마트 선교의 개념은 현지에 가지 않고 본국에 있으면서도 타 문화권 선교 사역을 할 수 있다는 가능성을 언급한다. 물론 타 문화권 현지 사역에 대한 경험이 없다 보니 타 문화권 선교 사역을 하는 데 있어 큰 제약이 따를 것이다. 그러나 선교 현지 거주 선교사가 스마트 선교를 활용하거나 현지 거주 선교사와 본국 거주 선교사가 협력하며 스마트 선교를 추진한다면 큰 시너지 효과가 일어날 것이다.

YWAM의 론 베이미(Ron Boehme)는 이런 네 번째 선교 시대를 '제4의 선교 물결'(The Fourth Wave)이라고 부른다. 그는 제4의 선교 물결 시대에는 젊고 건장한 20대와 30대뿐 아니라 장년이나 노년, 청소년 등 다양한 연령대의 성도가 선교에 참여하고, 서구 국가가 아닌 제3세계 국가에서 선교사가 대거 나오며, 모든 성도가 선교에 참여하고 다양한 첨단 기술을 활용해 삶의 모든 영역에서 총체적인 선교를 지향하게 될 것이라고 했다.[10] 그의 이런 생각은 FMnC 선교회가 추구하고 있는 네 번째 선교 시대의 특징인 스마트 선교와 일맥상통한다.

현재 우리는 세 번째 시대의 패러다임인 '미전도 종족 선교'에 매우 익숙해져 있는 상태다. 물론 세 번째 시대인 '미전도 종족 선교'는 여전히 중요한 의미를 지니며, 네 번째 시대가 시작된다고 해서 곧바로 끝나는 것도 아니다. 세 번째 시대는 여전히 중요하고, 네 번째 시대도 그 중요성이 점점 더 커질 것이다. 랄프 윈터 박사가 제시한 프레임에서는 한 시대에서 다음 시대로 넘어갈 때 두 시대가 상당 기간 함께 공존하는 전환기를 갖는다.[11]

두 번째 시대를 열었던 허드슨 테일러가 중국 내지 선교회를 조직

• • • •

10 론 베이미, 안정임 역,《제4의 선교 물결(The Fourth Wave: Taking Your Place in the New Era of Missions)》(고양: 예수전도단, 2017), 167-275.
11 랄프 윈터, "네 사람, 세 시대, 두 전환기: 현대 선교", 561.

해 선교 사역을 시작한 지 20년이 지나서야 다른 선교회들도 내지 선교를 하기 시작했다고 한다. '해안선 선교' 패러다임에 익숙했던 기존의 선교사들은 해안선 지역에도 선교 사역을 할 곳이 아직 남아 있는데, 왜 내지로 가서 선교해야 하는지 질문했다고 한다.

세 번째 시대도 두 번째 시대가 일시에 끝나고 새 시대가 갑자기 시작된 것은 아니다. 캐머런 타운젠드와 도날드 맥가브란의 탁월한 '종족 집단' 개념은 첫 20여 년간 사람들의 주목을 받지 못하다가 40여 년이 지나서야 이들의 선교 전략에 반영될 수 있었다.

이처럼 '해안선 선교'에서 '내지 선교' 시대로의 전환, 또 '내지 선교'에서 '미전도 종족 선교'로의 전환에는 각각 45년 정도의 시간이 소요되었다. 전환기 기간에는 전 시대의 선교 패러다임이 유효하기는 하지만 새 시대의 선교 패러다임이 점점 더 확산되고 타당성을 인정받는 과정을 겪는다. 이 전환기에는 서로 다른 두 선교 패러다임이 대립하며 논쟁을 불러일으킨다. 새로운 선교 패러다임이 지지를 얻으려면 이런 과정을 잘 통과해야만 한다.

네 번째 시대의 선교 패러다임인 스마트 선교는 현재 세 번째 시대의 패러다임인 미전도 종족 선교에 익숙한 이들로부터 많은 질문과 도전을 받으며 새로운 선교 패러다임으로 타당성을 갖추어 나가고 있다.

과학 기술의 발전에 희망을 거는 트랜스 휴머니스트인 레이 커즈와일(Ray Kurzweil)은 인류의 기술이 인간의 생물학적 한계를 벗어나게 해줄 시점을 '특이점'이라고 부르며, 그 시기가 2045년일 것으로 예측했다. 그러나 이에 대해서는 부정적인 의견이 많다. 그럼에도 2045년 인류의 과학 기술 문명은 분명히 지금과 비교할 수 없을 정도로 발전해 있을 것이다.

첫 번째와 두 번째 전환기 사이의 기간이 대략 45년쯤이었다는 걸 감안하면 세 번째 전환기도 그 정도 되지 않을까 싶다. 앞선 상황을 감안해 세 번째 전환기는 2000-2045년 정도로 생각해도 될 것 같다. 시간이 흐르고 나서 돌이켜 보면 첫 번째와 두 번째의 전환기를 쉽게 거쳐 간 것 같지만 모든 전환기는 치열한 논쟁을 거치며 정리되어 지나갔다.

지금 우리가 속해 있는 세 번째 전환기도 앞으로 20-30년은 더 치열한 논쟁을 거쳐야 할 것이다. 네 번째 시대, 스마트 선교의 시대는 이미 시작되었다. 그러나 새로운 선교 패러다임으로 완전히 정착한 것은 아니다. 시간이 더 필요하다. 분명한 사실은 새로운 선교의 방향은 분명 스마트 선교라는 것이다.

6. 새로운 선교의 도구, IT

IT가 선교의 주요한 도구로 사용된 것은 그다지 오래되지 않았다. 1990년대 후반이 되어서야 컴퓨터 교육, 소프트웨어 교육을 선교의 수단으로 이용하기 시작했다. 그전에는 의료, 학교, 어학원 등이 전형적인 선교 수단이었는데 컴퓨터가 발전하면서 컴퓨터 센터, 컴퓨터 교육이 주요한 선교 수단으로 추가되었다. 그리고 2010년대 중반을 지나면서 스마트 선교의 범위가 대폭 확장되었다.

스마트 선교에서 사역의 영역은 크게 세 가지 정도로 구분된다.

첫 번째는 전통적인 선교 사역에서 IT를 수단으로 활용해 온 방식인 컴퓨터 센터 운영, IT 교수, IT 비즈니스 등이다.

두 번째는 선교 사역에 필요한 각종 도구를 IT를 이용해 만들고 활용하는 것이다. 단기 선교사들이 현지 언어로 복음을 전하도록 도와주는 '비전트립 앱', 성경 구절을 신속하게 찾아주는 '바이블 챗봇', 스크래치 코딩을 가르치면서 성경 이야기를 통해 교육할 수 있는 '와우 코딩', 공동체 멤버들이 날마다 성경 말씀을 읽고 권하고 나누고 그 말씀을 통해 교제하며 양육 받는 'DDBC'(데일리 드라마바이블 커뮤니티), 선교 사역에 필요한 펀드를 투명하고 의미 있게 조달하도록 해주는 블록체인 기반의 기부 플랫폼 '체리', 비대면으로 예배와 교육과 심방을 가능하게 해주는 '줌'(Zoom)과 구글 '미트'(Meet)와 시스코 '웹엑스'(Webex) 등 화상회의 시스템, 선교 영상을 만들고 전파할 수 있게 해주는 동영상 제작 툴(tool) 등 여러 가지 방법이 있다.

세 번째는 인터넷으로 연결된 가상 세계 자체를 타깃으로 전도하는 수단이다. 온라인 세계 자체를 대상으로 하기 때문에 스마트 선교 사역 가운데서도 가장 스마트 선교 사역다운 방식이다. 기존의 SNS 플랫폼을 활용하여 블로그를 이용한 손끝 전도, 페이스북이나 인스타그램을 통해 연결된 친구들을 대상으로 하는 선교가 가능하다. 더 나아가 빌리그래함전도협회가 구축하여 사용하고 있는 'SFJ'(Search For Jesus) 사이트는 독자적인 온라인 전도 플랫폼의 대표적 사례다. 미래의 스마트 선교는 'SFJ' 등 온라인 전도 플랫폼을 선교 대상 지역에 현지어로 구축하여 현지인들에 대한 전도와 양육이 이루어지고, 교회와 연결될 수 있을 것이다.

물론 지금까지 나열한 스마트 선교의 수단과 방법은 완료형이 아니다. 언제나 어디서나 누구나 선교에 동참할 수 있다는 '스마트 선교'의 이상은 최근 10여 년간 크게 발전해 왔으며, 앞으로도 새로운 방법과 적용 방안이 다양하게 도출될 것이다. 우리는 계속 새로운 시대에 맞는 새로운 선교 방법을 열심히 찾을 것이며, 하나님은 우리에게 새로운 시대에 맞는 새로운 선교 방법을 반드시 알려주실 것이다.

Online Mission

Part 2.

온라인
선교
솔루션

Chapter 2.

페이스북 :
마케팅을 복음으로 전환하다,
페이스북 광고로 타기팅 전도하기

김종훈(선교사)

1. 서론

2015년부터 T국에는 시리아 난민이 일 년 동안 100만 명 몰려왔다. 이는 전대미문의 난민 위기였으나, 이슬람권 선교를 하는 사람들에게는 기회이기도 했다. 이란에서 8년을 살면서 이란의 부흥을 경험했다. 직접적인 경험이 아닌 간접적인 경험이었다. 그러나 분명히 깨달은 것은 복음 방송과 성경 보급을 통해 하나님의 구원의 역사가 이루어지고 있다는 사실이다. 우리는 아랍어를 전혀 모르기 때문에 이들에게 성경 한 권이라도 안겨 주어야 한다는 부담감을 갖고 있었다. 그래서 성경을 구하기 위해 힘썼고, 결국 5만 권의 성경을 손에 쥐게 되었다. 라스트콜 미니스트리(Last Call Ministry)의 공동 대표인 허드슨 사역자의 큰 수고 덕분이었다. 오래된 북한 선교 단체인 모퉁이돌 선교회가 아랍권에 관심을 가지고 큰 투자를 한 것이다.

이 성경을 각 도시에 사는 한인과 외국인 사역자, 터키 사역자들에게 배달해 주었다. 그들이 그 도시의 아랍 난민들에게 잘 나누어 줄 것을 믿고 기대했다. 초반에는 그럭저럭 수천 권의 성경이 배포되었다. 그러나 난민에 대한 좋지 않은 인식이 퍼져 나가고 그들을 전도하는 것이 위험하다는 풍문이 돌면서 성경 보급 상황이 좀처럼 나아질 기미가 보이지 않아 많은 부담감을 갖게 되었다. 어렵게 구한 아랍어 성경을 손안에 쥐고도 필요한 사람들에게 제대로 전달하지 못하는 상황이 됐기 때문이다.

그러던 중 BCC 사역자 한 분을 알게 되었는데, BCC가 온라인(웹사이트 홍보)을 통해 다량의 터키어 성경을 보급하고 있다는 사실을 알게 되었다. 그는 페이스북으로 홍보하는 방법도 시연해 주었다. 필자는 그날 '왜 이런 생각을 하지 못했던 걸까' '왜 아무도 내게 이런 것을 가르쳐 주지 않았을까'라는 생각을 하게 되었고, 여기에 해답이 있으리라는 확신도 생겼다.

이후 유튜브를 통해 공부해 가면서 페이스북 페이지를 만들었다. 그리고 온라인 전도와 아웃리치 사역 조직인 '라스트콜'을 시작하게 되었다. 라스트콜은 마태복음 22장에 나오는 이야기로, '하나님 나라 잔치의 마지막 초청'이라는 뜻이다. 평소 알고 지내던 이란 목사님이 자신의 처제를 스태프로 소개해 주었다. 하나님이 이 자매를 이미 기도로 준비시켜 놓으신 것을 후일 자매의 간증을 통해 알게 되었다. 그리고 목사님은 친절하게 자신의 지하 교회 예배당에 딸린 1평 정도 되는 작은 사무실을 사용하도록 해주었다. 이 일이 계기가 되어 일주일에 한 번씩 그 교회에서 기도회를 하면서 온라인 사역을 시작했다.

라스트콜의 목표는 일단 아프간 난민들에게 성경을 전달하는 것이

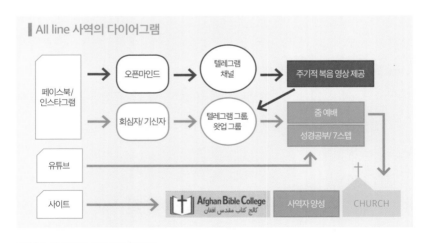

[그림 2-1] 올라인 사역 다이어그램

었다. 그래서 아프간교회라는 이름으로 첫 페이지를 오픈하고 적은 비용으로 유료 광고를 시작했다. 새로운 사역의 세계로 들어가게 된 것이다. 이후 아랍성경센터라는 시리아 난민을 위한 아랍어 페이지를 오픈했다. 이것은 허드슨 사역자가 책임을 맡았고, 이집트에서 운영되었다.

이제 페이스북이 단순히 안부를 확인하는 SNS가 아니라 무언가 꿈틀거리는 엄청난 힘을 가진 하버드급 인공지능 마케팅 시스템이라는 사실을 알게 될 것이다. 그리고 이것이 기존의 상품 마케팅에서 복음에 목말라 하는 사람들을 찾아내는 온라인 전도에 어떤 식으로 유용하게 사용되는지 깨닫게 될 것이다.

2. 페이스북 개인 계정과 페이지의 차이점

페이스북은 개인 계정과 '페이지'라는 비즈니스 계정이 따로 존재한다는 점에서 다른 SNS와 차별성을 지닌다. 대부분의 사람은 개인 계정을 만들어 자신의 취미, 커뮤니티 등의 공간으로 사용한다. 친구와의 연결을 통해 친구의 친구와도 연결되는 구조다. 이런 이유로 선교사들은 보안에 대한 걱정 때문에 페이스북을 멀리한다.

[그림 2-2] 페이스북 개인 계정과 페이지

이와 달리 '페이지'는 BNS(Business Network System)에 가깝다. 즉 출발점은 다른 소셜미디어와 동일하지만 광고 기능을 추가하고 이를 확대시켜 비즈니스 플랫폼으로 전환한 것이다. 이것이 페이스북 회사의 수익 모델이 되고 있다.

3. 페이스북 페이지와 페이스북의 광고 수익의 변화

페이스북 가입자의 증가와 광고 수익은 동시에 확장되고 있다. 2005년 광고 수익은 900만 달러였다. 2007년에 모바일 시대가 열리고 가입자가 5,000만 명에 이르자 광고 수익은 1억 5,000만 달러를 기록했다. 2012년에는 가입자가 10억 명, 광고 수익은 58억 달러에 이르렀다. 2020년 상반기 매출(90퍼센트가 광고 매출)은 360억 달러(2020년 전체 예상은 720억 달러, 약 82조 원)이며, 고객과 연결시켜 주는 매체로 페이지를 사용하는 광고주가 1억 개다. 세계 인구의 70명 중 한 명이 페이스북 페이지를 통해 고객을 만나고 있다. 그러나 복음의 도구로써 페이지는 그 숫자가 많지 않다고 본다.

산술적으로 계산하면 광고주 1명당 720달러를 지출하고 있다. 올해 라스트콜의 총 광고비는 약 3,000달러다. 코로나19 위기로 오프라인 매출이 줄어들면서 온라인 비즈니스를 위해 올해 900만 개 광고주가 추가로 생겼다고 한다. 과연 몇 명의 사역자가 복음을 전하기 위한 목적으로 여기에 포함되어 있는지 의문이다.

4. 페이스북 페이지를 통한 광고의 기술과 강점

① 정밀한 타기팅을 위해 원하는 연령대/성별/지역/국가/언어/선
   호도 등 매우 다양한 특성을 필터링할 수 있다. 기존의 구글 사
   이트 홍보나 유튜브 홍보보다 훨씬 더 정확하고 완성도가 높다.

② 기존의 TV, 신문 등 전통적인 매체와 경쟁 관계인 SNS보다 광고
   비 단가가 훨씬 저렴하다. 따라서 대기업뿐 아니라 소호, 개인사
   업자도 많이 이용하고 있다. 사용자가 1억 명이라는 사실이 이것
   을 반증해 준다.

③ 일반인도 몇 시간만 배우면 광고주로서 광고를 제작하고 직접
   광고를 내보낼 수 있다. 즉 사업주가 1인 광고회사의 역할을 할
   수 있도록 플랫폼이 쉽게 되어 있다.

④ 메시지를 전달받는 사람 또는 고객과 다양한 방법으로 소통이
   가능하다. 코멘트 또는 메신저를 활용하여 소통할 수 있다.

⑤ 다양한 형태로 광고 내용을 홍보할 수 있다. 영상의 길이에 제한
   이 없고 그림 파일도 가능하다. 다만 보이스 홍보는 할 수 없다.

⑥ 랜딩 페이지 이후 웹사이트나 다른 영상, 소통 채널 등 다양한
   방법을 통해 광고주가 원하는 내용으로 고객을 유도할 수 있다.

5. 페이스북 페이지 세팅과 복음 전도의 방법

페이스북 페이지는 제품이나 서비스의 홍보용으로 제작되었기 때
문에 복음 메시지라는 특별한 내용을 전달하고 그것에 반응을 보이
는 관심자들과 소통하여 신앙 상담을 하는 방법을 모색해야 한다.

페이지를 운영하기 위해서는 페이스북의 개인 계정이 반드시 필요하다. 개인 계정에서 페이지를 만들기 때문이다. 그러나 페이지는 개인 계정과 별도로 관리되기 때문에 상대방에게 절대로 개인 신상이 드러나지 않는다.

페이지를 개설하면 제일 먼저 이름을 정한다. 현지어로 정하면 복음을 듣는 현지인이 더 빠르게 페이지의 특성을 이해할 수 있다. 페이지의 이름은 복음과 관련 있는 단어를 사용하면 좋다.

페이지 이름을 정하면 메인 화면(랜딩 화면)을 설정하여 페이지의 성격을 노출한다. 홍보물(Post)에 광고 내용을 올린다. 많은 사람에게 도달하기 위해서는 영상이나 사진, 그림과 함께 올리는 것이 좋다. 홍보물에 대한 간단한 제목과 내용을 적는다. 여기서 중요한 것이 있는데, 홍보 영상이 어떤 목적으로 사용될 것인가에 따라 설정을 다르게 해야 한다. 즉 홍보 영상 이후 웹사이트로 안내할 것인지, 영상만 많이 보게 한다든지 또는 영상을 보고 관심 있는 사람은 메신저로 연락해 달라는 등 고객의 2차 반응을 유도하는 안내가 필요하다.

필자는 주로 10-30분짜리 영상을 게시하고, 복음이나 성경에 관심을 갖게 된 사람은 메신저로 연락해 달라고 반드시 안내를 한다. 그렇지 않으면 관심이 있어도 그냥 지나치거나 댓글을 다는 행위로 끝나고 말기 때문이다.

상품이나 서비스와 달리 복음 전도는 적대적 반응이 90퍼센트 이상이다. 따라서 댓글로 복음에 대해 관심을 표현하면 다른 사람들의 공격을 받을 수도 있다. 관심을 갖게 된 사람은 반드시 개인 채팅이 가능한 메신저로 연락해 달라는 안내가 필요하다.

홍보할 영상이 준비되었다면 이제 타기팅을 해야 한다. 지역과 성별, 나이, 언어 등 다양한 방법으로 영상을 전달하고 싶은 사람들을 그룹핑해야 한다. 예를 들어 같은 언어를 사용하는 여성이면서 나이가 20대이고 학생인 사람으로 타기팅을 하면 1,000만 명의 페이스북 유저들 중 50만 명이 선정될 수 있다. 이것은 타기팅된 집단이 된다. 이 그룹에게 집중적으로 홍보한다면 1,000만 명에게 홍보하는 것보다 비용과 효율성 면에서 절대적 효과가 있다. 이런 세밀한 타기팅을 할 수 있는 것이 페이스북 광고의 핵심이다.

[그림 2-3] 복음 영상 타기팅 방법의 예시

광고 기간은 10-20일 정도가 적당하다. 타기팅 이후 광고 기간까지 설정하면 하루당 광고비가 자동으로 생성되어 몇 사람에게 영상이 전달될 것인지 대략적인 수치가 나온다. 자신의 광고 예산과 표본 집단의 크기를 보면서 금액을 설정하면 된다. 결제 정보를 입력하면 6시간 이후 광고가 승인되고, 승인된 시점부터 유료 광고가 진행된다.

광고 관리 기능에 들어가면 광고의 도달률 등 통계 수치를 확인할 수 있다. 특별히 메신저와 코멘트 숫자가 나오는데, 메신저에 들어가서 성경이나 복음에 관심을 가진 사람과 채팅이나 상담을 진행할 수도 있다. 여기서부터 온라인 사역이 시작된다.

[그림 2-4] 온라인 채팅을 통한 사역의 예시

성경을 원하는 사람이 있으면 우편으로 보내주거나, 여의치 않을 경우 온라인을 통해 pdf 파일을 보내거나 다운로드 링크를 걸어 줄 수도 있다.

6. 사례
라스트콜 페르시아권(온라인 사역팀 이름)은 터키 안에 있는 아프간 난민과 아프가니스탄의 복음 전도, 제자 양육, 교회 개척을 위해 아프간 교회, 진리의 길, 아프간 성도 공동체, 아프간 자매 공동체 등 4개의 페이스북 페이지를 운영하고 있다. 이들의 타기팅 집단(표본 집단)은 아프간 난민 유저 30만 명과 아프가니스탄 페이스북 유저 400만 명이다.

앞서 언급한 페이스북 광고 등을 활용하여 페이지를 홍보한 결과 2020년 이들 4개 페이지의 총 팔로워 수는 4,000명이 되었으며 300명 가량을 팔로업(텔레그램/와츠업/교회 연결)했다. 페이지의 복음 영상 광고는 총 150만 명에게 노출되었으며, 그중 개인적으로 메시지를 주어 복음 상담을 요청하거나 성경에 관심을 보인 사람은 9,627명이다. 이들은 페이스북 페이지를 통해 약 5,000명에게 성경을 전달했으며, 3개 교회를 개척할 수 있었고, 150명 정도의 회심자를 기신자와 연결해 줄 수 있었다.

7. 결론

코로나19로 인한 펜데믹 상황은 어쩔 수 없이 사역자들에게 온라인을 통한 사역을 시도하게 했다. 그리고 SNS를 통한 온라인 사역의 효과가 여러 사례를 통해 증명되었다. 현재 다양한 백신이 개발되었고 예방 접종이 이루어지면 2021년 말에는 펜데믹이 종료될 수도 있다는 기대감이 커지고 있다. 그러면 기존의 대면 사역(오프라인)이 다시 시작되겠지만 온라인 사역은 여전히 중요한 부분을 차지하게 될 것으로 보인다. 그리고 온라인 사역과 오프라인 사역이 조화를 이루는 올라인(All-line) 사역으로의 발전이 이루어질 것이다.

페이스북 페이지(또는 인스타그램)를 통한 전도 사역과 제자 양육 사역은 적은 비용으로 큰 효과를 거두고 있다. 또한 이 글에서 예로 든 아프가니스탄은 선교사가 가서 사는 것 자체가 쉽지 않고 선교 활동을 했을 때 목숨을 잃을 수 있는 매우 위험한 국가다. 그러나 이런 모든 장벽을 뛰어넘어 복음이 모바일을 통해 젊은이들의 마음 깊이 전해지고 있다. 단지 3-5명의 현지 사역자와 크지 않는 광고와 운영 비용으로 수백만 명에게 복음을 전하고, 그중에서 수만 명의 복음 관심자를 찾아내어 일대일 관계 형성을 가능하게 해주었다. 이것은 실크로드를 따라 복음이 흘러갔던 시대처럼 복음이 전해지는 주의 대로가 되어 복음을 들을 수 없었던 미전도 종족 선교에 있어 획기적인 방법 중 하나를 제공할 것이라고 확신한다.

따라서 이슬람권과 힌두권을 포함하는 다양한 나라와 종족을 위한 SNS 온라인 사역팀이 조직되고 온라인 아웃리치 사역이 이루어진다면 수년 내에 미전도 종족이 더 이상 남아 있지 않을 수 있다. 필자는 이런 사역을 하길 원하는 선교사나 현지인이나 단체가 있다면 노하우를 나누고 함께 동역하려고 한다.

페이스북은

복음에 목말라 하는 사람들을 찾아내는

온라인 전도에 유용하게 사용되는 도구다.

Chapter 3.
블로그 :
언어적 장벽을 깬 긴밀한 유대가 형성되다

전생명(선교사, 전 FMnC 선교회 대표)

1. 서론

2020년, 코로나 팬데믹은 전 세계를 급격한 변화 속으로 몰아넣었다. 그중 가장 큰 타격은 여행과 국가 간 이동을 책임지는 교통 산업일 것이다. 선교 역시 기본적으로 다른 민족, 다른 문화권에 사는 사람들에게 복음을 전하는 것이기에 여행과 이동이 상당 부분을 차지한다. 그렇다 보니 코로나19로 선교 전반에 있어 큰 어려움을 겪는 중이다. 또한 의료 시설이 열악한 선교지에서 많은 선교사가 철수하고 있는 상황이고, 철수하지 않은 선교사들도 사람 만나는 것이 예전과 비교해서 매우 어려워졌다.

이런 코로나 팬데믹 현상은 쉽게 끝나지 않을 전망이다. 그렇다면 앞으로 어떻게 선교를 진행해야 하는 걸까? 코로나 팬데믹이 일어나기 몇 년 전부터 전 세계적으로 산업계가 중심이 되어 '디지털 전환'(Digital Transformation) 또는 '4차 산업혁명'이라는 말을 자주 사용했다. 그리고 코로나 팬데믹으로 말미암아 사람들은 산업계에서 회자되던 '디지털 전환'을 받아들이며, 사회의 각 부분이 변화되는 것을 경험하고 있다.

'디지털 2020'의 10월 글로벌 통계 보고서에 따르면 전 세계 40억 명 이상이 매달 소셜미디어(소셜 네트워크 서비스, SNS)를 이용하고 있으며, 하루 평균 200만 명 가까운 사람이 신규 이용자로 가입하고 있다. 전 세계 소셜미디어 사용자의 평균 사용 시간은 2시간 29분으로, 깨어 있는 시간의 약 15퍼센트에 달한다. 또한 코로나19로 말미암아 소셜미디어 사용자는 지난 12개월 동안 12퍼센트 이상 급증했다. 이것은 도시화가 매년 1퍼센트 남짓 증가하는 것과 비교하면 12배가량 되는 수

치다. 인터넷과 연결된 장치를 사용하는 데 소요되는 시간이 계속 증가하고 있다(소셜미디어 사용자의 증가 속도는 코로나 팬데믹을 통해 가속도가 붙었다. 2020년 1월의 자료에 보면 소셜미디어 사용자의 증가 속도는 9.2퍼센트인데, 10월 자료를 보면 12퍼센트, 2021년 4월 자료는 13.7퍼센트다. 코로나19로 소셜미디어 사용자의 증가 속도가 15개월 사이에 4.5퍼센트 늘었다).[12] 이런 급격한 변화의 한복판에서 "우리는 앞으로 어떻게 선교를 해야 할까?"라는 질문을 해 본다.

"물고기를 낚으려면 물고기 있는 곳으로 가야 한다"라는 격언이 있다. 매달 40억 명의 사람이 소셜미디어를 사용한다면 선교도 소셜미디어를 사용해야 한다.

"우리는 어디서 어떻게 시작해야 할까?"

2020년 3-4월에 있었던 개인적인 경험을 나누고 싶다. 코로나 팬데믹으로 전 세계가 닫히고, 국가와 사회가 셧다운(shut down)되는 상황에서 선교 현장에 위기감이 감돌았다. FMnC 선교회는 다가오는 시대의 선교를 위해 SVS(Smart Vision School)이라는 새로운 선교 훈련을 진행하던 중이었다. 이 훈련을 통해 새로운 시대에 새로운 선교 방법을 훈련하여 스마트 선교사를 육성하고 있었다. 그런데 코로나19로 말미암아 실제로 그런 사회가 생각보다 빠르게 우리 앞에 다가왔다. 나는 SVS 훈련을 주관하는 입장이었지만, 구체적으로 소셜미디어를 활용하여 선교나 전도 사역을 하고 있지는 않았다. 그러나 우리 앞에 닥친 상황

• • • •

12   Wearesocial 홈페이지 내용. https://wearesocial.com/blog/2020/10/social-media-users-pass-the-4-billion-mark-as-global-adoption-soars.(2021년 7월 22일에 접속)

을 지켜보며 더 이상 우물쭈물하면 안 되겠다는 직감이 들었다. 이런 상황에서 교육하던 내용을 바로 적용해 보기로 결단하고 나 자신에게 다음과 같은 질문을 던졌다.

- 어디서 어떻게 시작해야 할까?
- 내게 가장 적합한 소셜미디어는 무엇일까?
- 초보자가 가장 쉽고 자연스럽게 삶을 나눌 수 있는 곳은 어디일까?
- 선교사가 선교지에 들어가는 것처럼 소셜미디어 세상에 들어가 살면서 삶을 나누고 복음을 나눌 수 있는 곳은 어디일까?

이런 질문을 통해 다음과 같은 결론을 내렸다.

- 내게 가장 친숙한 소셜미디어는 '블로그'다.
- 내 삶을 노출하고, 내 이야기와 예수님의 이야기를 풀어 나가기 위해 가장 좋은 소셜미디어는 '블로그'다.
- 비교적 소셜미디어에 대해 잘 모르는 사람도 쉽게 접근할 수 있는 것이 '블로그'다.

블로그의 정의에서 우리는 블로그와 선교의 연결점을 찾을 수 있다.

"블로그는 웹(web)과 로그(log)의 합성어로 개인의 생각과 경험, 알리고 싶은 견해나 주장, 나아가 전문지식 등을 웹에다 일기(로그)처럼 기록해 다른 사람들도 보고 읽고 댓글을 달 수 있게끔 열어 놓은 글모음을 말한다. … 자신의 관심사에 따라 일기·칼럼·기사 등을 자유롭게 올릴 수 있을 뿐 아니라 개인출판·개인방송· 커뮤니티까지 다양한 형태를 취하는 일종의 1인 미디어이다. … 블로그의 장점은 간편한 사용법으로 누구나 쉽게 웹에 글을 올릴 수 있다는 점이다."[13]

첫째, 블로그는 개인의 생각과 경험, 알리고 싶은 주장을 다른 사람들과 나눌 수 있기 때문에 각 개인이 경험한 예수님과 신앙의 삶을 다른 사람들과 자연스럽게 나눌 수 있다. 둘째, 블로그는 1인 미디어로 자신의 관심사를 다양한 형태로 자유롭게 나눌 수 있다. 셋째, 블로그는 개인출판, 개인방송, 커뮤니티까지 다양한 형태를 취할 수 있다. 마지막으로 블로그는 간편한 사용법으로 누구나 쉽게 시작할 수 있다.

필자는 2020년 5월 1일부터 본격적으로 블로그[14]를 시작했다. 그냥 해 보겠다는 생각이 아니라 선교지에 들어가서 선교한다는 생각을 가지고 블로그를 시작한 것이다. 해외에 이민 가는 것과 해외에 선교사로 나가는 것이 차이가 나듯 그냥 블로그를 하는 것과 명확한 선교 목적을 가지고 블로그를 하는 것에는 차이가 있다.

선교를 위한 블로그를 시작하면서 알게 된 것은 소셜미디어 세상은 별도의 세상이라는 사실이었다. 그리고 선교를 위한 블로그 활동을 하면서 신기한 경험도 했다. 블로그를 하면서 선교사가 선교지에 들어가 경험하는 '긴밀한 유대'[15]를 맺게 된 것이다. 소셜미디어 세상은 디지털

• • • •

13 네이버 지식백과, 손에 잡히는 IT 시사용어.(2021년 7월 22일에 접속)
14 한국에서 가장 큰 블로그인 네이버 블로그를 시작했는데, 이 글에서 말하는 모든 블로그는 네이버 블로그다.
15 긴밀한 유대는 신생아가 자신이 속하게 될 최초의 문화 속으로 들어가는 것처럼 선교사가 새로운 이질적 문화에 들어가서 신생아처럼 새로운 문화와 깊은 유대관계를 맺는 것을 말한다.

족(Digital Native)이 사는 곳이다. 그리고 선교사는 디지털족이 아니지만 선교를 위해 디지털족이 사는 소셜미디어 세상으로 들어간 것이다. 그리하여 선교사는 소셜미디어 세상에서 디지털 종족으로 새로 태어나는 것과 같은 경험을 하며, 디지털 종족과 깊은 유대관계를 맺게 된다.

블로그로 선교한다는 것은 단지 블로그에 좋은 글을 쓴다는 것과 차원이 다르다. 그러므로 블로그에 들어가기 위해 치밀한 준비를 해야 한다. 개인적으로 블로그 세계에 들어가기 위해 다음 세 가지 질문을 던졌다.

- 블로그에서 나는 누구인가? : 이는 디지털 세상에서 나는 어떤 정체성을 가질 것인가에 대해 고민하게 한다.
- 나는 어떤 달란트와 은사를 가지고 있는가? : 이는 내 장점과 내가 많이 아는 것, 잘하는 것에 대한 질문이다. 디지털 세상에서 꾸준히 해야 할 일(주제)을 갖게 해준다.
- 나는 무엇을 하려고 하는가? : 이는 궁극적으로 디지털 세상에서 무엇을 하려고 하는지에 대한 질문이다.

첫 번째는 정체성을 묻는 질문이다. 블로그 세상에서 어떻게 살아갈지를 정해야 한다. 블로그를 취미로 하거나 아무 생각 없이 하는 것이 아니라 선교사로서 블로그를 하는 것이다. 두 번째는 블로그에서 어떤 활동을 할 것인지를 정하기 위한 질문이다. 블로그에서 지속적으로 잘 살아가려면 자신이 재미있어 하고 잘하는 것을 해야 한다. 세 번째는 블로그를 하는 궁극적 목적에 대한 질문이다. 이런 정체성과 목적, 자신의 은사를 가지고 블로그라는 세상에 들어가 사는 것이다.

이제 블로그 세상에서 다른 사람을 만날 준비를 해야 한다. "사람들이 내 블로그를 어떻게 찾아 들어오게 할까?" "나는 어떻게 사람들과 만나야 할까?" 사람들과의 만남은 크게 두 가지로 이뤄진다.

하나는 이웃을 맺는 것이며, 다른 하나는 검색을 통해 내 글을 만나도록 하는 것이다. 먼저 이웃을 맺는 방법은 비교적 쉽다. 블로그 세상에 돌아다니다가 이웃이 되고 싶은 사람이 있으면 이웃을 신청하면 된다. 이웃에는 두 종류(이웃, 서로이웃)가 있다. 블로그를 보고 이웃이 되고 싶은 블로거의 '이웃' 버튼을 누르면 바로 이웃이 된다. 그리고 '서로이웃' 버튼을 누를 경우에는 상대편이 수락해야 '서로이웃' 관계가 맺어진다. 이렇게 해서 이웃을 사귀고, 이웃의 글을 보고, 이웃과의 대화를 진행한다.

다른 하나는 누군가가 인터넷 검색을 통해 내 블로그를 방문하는 것이다. 어떤 사람이 검색창에 관심이 있는 키워드를 입력하고 버튼을 누르면 검색 엔진은 그 키워드가 들어가 있는 글을 검색해 준다. 내 글이 검색 결과로 뜨면 검색된 글의 제목과 일부분의 글을 보고 선택하게 된다. 상위의 검색 결과로 나오면 선택될 확률이 그만큼 높다. 이런 과정을 거치기 때문에 블로깅할 때(블로그를 쓸 때) 다음과 같은 질문을 해 봐야 한다. "내 블로그의 키워드는 무엇인가?" "내가 쓰는 글의 키워드는 무엇인가?" 왜냐하면 사람들이 키워드를 통해 검색해 내 글과 내 블로그를 찾아오기 때문이다. 나를 모르는 미지의 사람이 내가 쓴 글이나 자료를 잘 찾아오도록 좋은 글과 적절한 키워드를 사용해 쓰는 것이 스마트 선교의 관점에서는 매우 중요한 요소가 된다.

2. 적용 기술

한국의 경우 네이버 블로그 사용자가 블로그 전체 사용자의 50퍼센트가 넘는다. 그러므로 필자도 네이버 블로그를 기반으로 설명하고자 한다. 블로그를 활용한 선교에서 고려해야 할 기술은 두 가지로 나눠 생각해 볼 수 있다. 첫 번째는 콘텐츠를 작성하는 기술이고, 두 번째는 작성한 콘텐츠를 사람들이 잘 찾아오도록 만드는 기술이다.

1) 내용을 꾸미는 기술: 블로그를 쓰기 위한 도구 '스마트 에디터 원' 사용하기

네이버는 사용자들이 PC나 태블릿, 스마트폰 등에서 블로그를 쉽게 쓸 수 있는 일관된 환경인 '스마트 에디터 원(ONE)'을 제공한다. 스마트 에디터 ONE은 PC의 워드프로세스처럼 다양한 멀티미디어 자료들을 편집할 수 있는 기능을 제공하며, 그 결과를 html 형식으로 만들어 준다.

[그림 3-1] 네이버 블로그 스마트 에디터 ONE 사용하기

스마트 에디터 ONE의 주요 기능은 다음과 같다.[16]

① **멀티미디어 문서 작성**: 텍스트, 오디오, 비디오 등 멀티미디어 자료를 자유롭게 활용하여 문서를 작성할 수 있다. 상단의 툴바(tool bar)는 다양한 에디터 기능을 한눈에 보여준다.

② **쉽고 생생하게 문서 작성**: 전문적 지식이나 복잡한 프로그램 없이 쉽고 간단하게 할 수 있는 편집 기능으로 동영상과 사진을 하나의 멋진 콘텐츠로 완성할 수 있다.

③ **창작에 필요한 많은 소스 제공**: 퀄리티 높은 무료 사진, 여행의 흔적을 표시할 지도, 영감을 주는 다양한 사이트, 창작에 필요한 글과 미디어 소스를 제공한다.

④ **템플릿 기능 제공**: 콘텐츠를 효과적이면서 쉽게 완성하기 위해 전체 템플릿과 부분 템플릿(원하는 단락만 사용)을 제공한다.

⑤ **멋진 레이아웃과 깔끔한 서체 제공**: 여러 장의 사진을 매거진처럼 표현할 수 있는 그룹 이미지와 다양한 서체를 제공한다.

⑥ **PC, 태블릿, 스마트폰 호환 제공**: 언제 어디서나 내가 쓰던 콘텐츠를 다양한 기기에서 이어 편집할 수 있다.

2) 자신이 경험하고 알고 있는 콘텐츠를 선교적으로 잘 표현하는 기술

예수님은 우리를 향해 "너희는 세상의 빛이요 세상의 소금이다"라고 말씀하신다. 그러므로 우리는 온라인상에서도 빛과 소금의 역할을 잘 감당해야 한다.

• • •

16   네이버 스마트에디터 ONE (naver.com) 참조.(2021년 7월 22일에 접속)

① 자신의 삶과 생각을 솔직하고 투명하게 공유한다.

② 사람들이 관심 있는 주제에 대해 깊이 있는 글을 쓴다.

③ 자신이 잘 아는 것, 잘하는 것, 즐겨 하는 것을 정해 배우면서 꾸준히 공유한다.

④ 다른 사람의 블로그를 방문해 자신의 생각과 마음을 함께 나눈다.

3) 사람들이 자신의 콘텐츠를 잘 찾아오도록 만드는 기술

자신이 작성한 콘텐츠를 다른 사람들이 찾아오게 하는 방법은 크게 두 가지가 있다. 첫 번째는 자신과 이웃을 맺은 사람들이 그 관계를 통해 찾아오는 방법이고, 두 번째는 검색 엔진을 통해 자신을 모르는 불특정 다수의 사람이 찾아오게 하는 방법이다.

① **진정성 있는 관계를 맺어야 한다**: 공통 관심사를 가진 블로거를 찾아 '이웃'과 '서로이웃'을 신청한다. 이웃이 되면 관심을 갖고 자주 방문해 꼼꼼하게 글을 읽는다. 글을 다 읽고 진정성 있는 공감을 누르고 댓글을 남기며 소통한다. 이런 방법을 통해 온라인상에서 마음을 나눌 수 있다.

② **불특정 다수의 사람이 만난다**: 검색 엔진을 통하면 불특정 다수의 사람이 블로그의 글을 읽게 되며, 그 글을 통해 글과 글쓴이를 만난다. 이 방법을 통해 앞에서 언급한 '이웃'과 '서로이웃'으로 발전할 수 있다. 이를 위해 자신의 글이 검색 엔진에서 상위에 노출되도록 충실한 글쓰기와 검색 엔진에 대한 이해도 필요하다.

- 블로그의 전체 타이틀과 닉네임은 매우 중요하다. 타이틀과 닉네

임은 그 블로그의 첫인상이라고도 할 수 있다. 그러므로 보는 사람들로 하여금 기억되기 용이하도록 특이하면서 쉬운 단어를 사용하는 것이 좋다. 중복되는 닉네임이 많아서 검색이 어려울 수도 있으므로 너무 쉬운 단어는 피한다. 연상되는 이미지를 가지고 깔끔한 로고를 만들면 더욱 좋다.

- 블로그는 명확한 특징이 있어야 한다. 블로그의 중심 주제(키워드)가 있어야 한다. 그러나 사람들의 큰 관심을 끄는 중심 주제와 관련해서는 이미 많은 사람이 경쟁적으로 글을 쓰기 때문에 블로그를 새로 시작하는 사람의 글은 노출되기가 쉽지 않다. 그러므로 세부 주제가 필요하다. 중심 주제는 자신의 정체성이 드러나는 것으로 블로그 디자인과도 연결된다. 세부 주제는 어떤 방문자가 유입되기를 원하는 지를 생각하며 관련 주제로 결정하면 좋다.

- 검색 엔진의 알고리즘(로직)은 C-Rank와 다이아(DIA) 두 가지가 같이 작동한다. C-Rank는 일관성 있는 주제를 다루는지, 글이 신뢰할 수 있고 양질의 것인지를 평가한다. 다이아는 신뢰할 만한 정보와 자신의 경험, 자신의 의견을 담고 있는지를 평가한다. 두 알고리즘에 대한 비교는 다음에 나오는 [표 3-1]과 같다.

• C-Rank: 사람들이 오랫동안 자신의 블로그에 머물도록 해야 한다. 최대한 길게 쓰되, 쓸데없는 말은 하지 않는다. 사진 삽입이나 적절한 문단 나누기로 가독성을 높인다.

• DIA: 정보, 의견, 경험을 담아야 한다. "제가 가 봤더니" "제 생각에는" 등의 표현을 쓰는 것이 좋다. 남에게 도움이 되는 글을 쓴다는 마음가짐을 가져야 한다.

구분	C-Rank	다이아(DIA)
핵심 포인트	- 전문성	- 신뢰성
보는 대상	- 블로그 자체	- 포스팅(글)
보는 기준	- 꾸준하게 1-2개의 주제로 글을 올리는가? - 글의 퀄리티가 높은가? - 다른 사람들에게 영향을 미쳤는가?	- 양질의 정보가 들어 있는가? - 경험을 토대로 한 글인가? - 자신의 의견이 들어가 있는가?
운영 방법	1-2개의 주제로 양질의 글 꾸준하게 올리기	정보, 경험, 의견이 들어가도록 글쓰기
필요 기간	1-2년 장기간 필요	1-2개월 짧은 기간으로도 가능

[표 3-1] 검색 엔진 알고리즘 비교

③ **블로그 지수를 높여야 한다**: 블로그 지수가 높아질수록 블로그 파워가 생기게 되고 그만큼 상위 노출 기회도 많아진다. 블로그 지수는 https://www.blogchart.co.kr/에서 확인할 수 있다.

④ **제목에 공을 들여야 한다**: 블로그 글쓰기에서 제목은 큰 비중을 차지한다. 중요한 키워드를 찾아 제목을 정하는 건 매우 중요한 요소다. 그 외에 해시태그(#)를 사용하여 중요한 키워드를 지정할 수도 있다.

⑤ **검색에 잘 노출될 만한 키워드를 생각해야 한다**: 검색 양은 많고, 문서 수가 적은 키워드를 찾으면 많은 사람이 글을 찾아볼 확률이 높아진다. 그러나 이런 키워드를 찾는다는 것은 쉬운 일이 아니다. 처음에는 검색 양과 문서 수가 모두 적은 키워드로 시작하자. 또한 중심 키워드와 세부 키워드를 잘 조합하면 검색 양이 많은 것과 적은 것을 동시에 노릴 수 있다. 그러므로 검색 결과를 확인하고 점차 키

워드를 넓혀가 보자. 키워드를 찾을 수 있는 사이트는 키워드마스터, 키자드, 블랙키위, 네이버 광고 등이 있다.

⑥ **글을 포스팅할 때 주의할 점:**

- 사진은 되도록 직접 찍은 것을 사용하면 좋은데, 자신이 찍은 사진이 아니라면 수정이나 편집 등의 가공이 필요하다.
- 내용이 키워드와 일치해야 한다. 다른 내용으로 글을 쓰는 건 피한다.
- 키워드를 사용할 때 2-5회 반복하는 것으로 충분하고, 그 이상은 지양한다.
- 링크는 과도하게 삽입하지 않는다.
- 복사, 붙여넣기는 안 된다. 블로그 에디터 창에서 직접 작성해야 한다.
- 전화번호, 주민번호 등 개인정보는 노출시키지 않도록 조심해야 한다.

⑦ **꾸준함이 무기다:** 1일 1포스팅(글쓰기)과 같이 목표를 정하고 꾸준히 해야 한다. 포스팅 결과에 일희일비하지 말아야 하는데, 그 누구도 상위 노출을 장담할 수 없다. 포스팅 결과가 반영되기까지 최소 30분에서 최대 72시간이 소요된다.

3. 발전 방향

네이버 블로그와 에디터는 지속적으로 변화되어 왔다. 새로운 소셜 미디어 서비스가 나오면서 좋은 기능을 받아들이기도 했다. 블로그를 통해 글을 쓸 수 있을 뿐 아니라 오디오 클립을 붙여 넣거나 유튜브 링크를 넣을 수도 있다. 블로그는 앞으로도 다양한 소셜미디어 서비스와 소통하며 사용자의 필요를 민감하게 접목시켜 계속 성장해 나갈 것이다.

4. 선교적 사용법

선교할 때 언어적 장벽을 생각하지 않을 수 없다. 다양한 웹브라우저와 소셜미디어 등에서 번역 기능을 지원하고 있다. 한글로 쓴 블로그를 영어로 읽거나 우즈벡어 등 모국어로 읽을 수 있게 된 것이다. 또한 번역의 질이 날이 갈수록 향상되고 있다. 장기적으로 볼 때 블로그에 한글로 업로드한 글을 모든 언어권의 사람들이 볼 수 있게 될 것이다. 내 블로그가 한국어를 넘어 다양한 미전도 종족의 언어로 번역되어 다른 민족이 보고 복음을 접하고 예수님을 믿고 만나는 꿈을 꾼다.

5. 선교적 사례와 결과

필자가 블로그를 본격적으로 시작한 지 일 년이 되었다. 2020년 4월에는 월 조회 수가 500회였다. 본격적으로 블로그를 하기 시작한 5월에는 3,000회로 늘었다. 그래프에서 보는 것처럼 꾸준히 늘어난 결과 지금은 월 조회 수가 30,000회에 이르렀다. 1년 사이에 조회 수가 60배 증가한 것이다.

관심 있는 내용의 글을 꾸준히 쓸 때 많은 사람이 내 글에 관심을 표현하고, 조회 수도 높았다. 또한 이웃과 서로이웃의 수도 꾸준히 늘어 80여 명에서 590여 명의 이웃과 소통하는 블로그가 되었다. 직업적으로 어떤 수익을 바라보고 하는 것은 아니다. 내 삶의 일부분을 선교적으로 활용하며 운영하고 있을 뿐이다. 꾸준하게 글을 써서 포스팅을 할 때 이웃도 꾸준히 늘고, 검색 엔진을 통해 내 글을 보러 들어오는 사람도 꾸준히 늘어난다.

종합적으로 블로그 차트 순위에는 하이클래스 1퍼센트 안에 들었고, 전체 순위는 58,645위, 문화미디어 부분 순위는 912위에 올랐다.

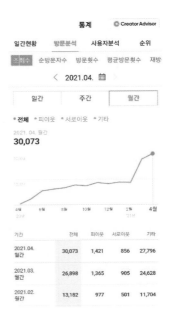

[그림 3-2] 블로그 방문 분석 현황
(2021년 5월 기준)

처음에는 블로그에 매일 큐티를 올렸다. 그러다가 기도문을 작성하

[그림 3-3] 블로그 차트 순위
(2021년 5월 기준)

여 업로드하기 시작했다. 2020년 6월 25일 이후에는 황성주 박사와의 만남과 교제를 통해 '감사 일기'를 쓰기 시작했고, 감사에 대한 책을 보면서 깨달은 것과 메모하고 싶은 것을 블로그로 작성했다. 그리고 2021년 2월 21일부터 만보걷기를 시작했는데, 이 내용을 블로그에 올리고 있다. 이렇게 네 가지 콘텐츠를 갖고 주기적으로

블로그에 글을 쓰면서 가끔 스마트 선교와 관련된 내용, 신조어 등 많은 사람이 필요로 하는 내용을 포스팅한다.

내 삶의 관심 있는 부분을 꾸준히 나눈다는 생각으로 블로그를 하고 있다. "너희는 세상의 빛이라, 너희는 세상의 소금이라"는 말씀대로 블로그를 통해 내 삶을 나누려고 한다. 이것이 복음이 증거 되는 통로가 되길 바란다.

6. 블로그의 선교적 활용 성공 포인트

성공이라고 말할 수는 없지만, 필자의 경험을 통해 나누고 싶은 것은 다음과 같다.

가장 먼저, 공감할 수 있는 글과 내용이 필요하다. 사람들은 잘 쓴 글보다 마음이 담긴 글에 공감한다. 그러므로 마음에서 우러나오는 글을 쓰자.

두 번째는 시대의 흐름을 잘 이해해야 한다. 이 시대를 사는 사람들의 관심사는 무엇인가? 하나님도 사람들의 관심에 귀를 기울이신다. 사람들의 관심에 귀를 기울이는 것은 선교 측면에서도 매우 중요한 요소다.

세 번째는 진정성 있는 글을 써야 한다. 내가 잘하는 주제를 진정성을 갖고 작성하자. 내가 잘하지 못하는 분야의 글을 쓰려고 하면 빠른 시간 내에 밀도 있는 내용의 글을 쓰기가 어렵다. 잘 알고 잘할 수 있는 내용을 진정성 있게 작성하면 블로그 콘텐츠의 완성도는 더욱 높아질 것이다.

네 번째는 **꾸준히 하는 것이 필요하다.** 욕심 내지 말고 서두르지 말고 장기적으로 내다보며 꾸준히 글을 쓰면 이웃도 꾸준하게 늘어날 것이다.

마지막으로, **함께하는 사람이 필요하다.** 같은 비전을 가진 사람들을 만나고, 그들과 함께 만들어 가려는 마음이 필요하다. 장거리 여행을 한다는 생각으로 서로를 격려하며 한 걸음씩 걸어가자.

블로그를 통해서

디지털 종족과 선교사들이 경험하는

'긴밀한 유대'를 맺을 수 있다.

Chapter 4.

유튜브 :
세상 문화로 교회와 세상 사이의 간극을 메우다

최서우(미디어 선교사, 세계인터넷선교협의회)

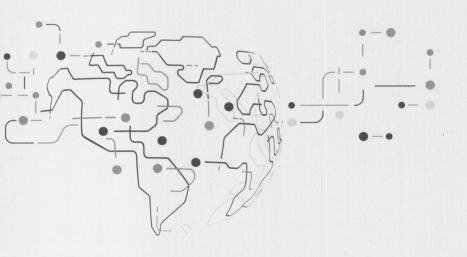

1. 서론

유튜브 없이 살아갈 수 없는 시대가 되었다. 유튜브는 이제 선택이 아닌 필수다. 스마트폰은 초등학생도 가지고 다니는 필수품이 되었다. 현재 스마트폰을 통해 가장 많은 사람이 찾는 온라인 플랫폼이 유튜브다. 사람들은 유튜버가 되어 수많은 콘텐츠를 만들어내고 있다.

이런 시대적 흐름 가운데 한쪽에서는 인터넷과 유튜브 자체를 죄악시하는 풍토도 생겨나고 있다. 인터넷 게임에 중독되고, 포르노에 중독되어 제대로 된 생활을 영위하지 못하는 사람이 빈번하게 생기다 보니, 유튜브에 접속하는 것 자체를 경계하고 두려워하는 시선이 있는 것도 사실이다. 그러나 위험해 보이는 칼도 잘 사용하면 반드시 필요한 물건이 되듯 크리스천 유튜버가 되어 복음으로 무장한 좋은 콘텐츠를 만들면 우리의 삶을 더욱 풍성하게 만들 수 있다.

지난 6년간 중동에 거주하면서 미디어를 통해 아랍 지역에 복음을 전하고 미디어 선교를 위해 고군분투했다. 중동과 아프리카 지역에서도 유튜브를 빼놓고는 선교 전략을 논할 수 없는 시대가 되었다.

우리는 시대적 흐름과 선교적·현실적 필요 측면에서 유튜브에 대해 이해할 필요가 있다. 수많은 영혼이 거주하고 있는 온라인 선교지인 유튜브 나라를 우리의 사역지로 선포하고 그곳에 복음을 실어 날라야 하기 때문이다. 그리고 부족하나마 우리의 복음 콘텐츠를 통해 시청자들이 예수님의 행적을 뒤따르도록 안내해야 한다. 우리가 만든 선한 콘텐츠가 악한 콘텐츠들에 맞서 싸워 이기고 선한 영향을 끼치도록 힘써야 한다. 하나님의 백성이자 일꾼인 우리는 이 시대의 영적 싸움이 가장 치열한 온라인에 복음 콘텐츠를 흘려보내야 한다는 선교적 마인드를 갖고 영상 제작 기술을 배워 반드시 승리해야 한다.

예수님을 따르는 제자들에게 필요한 전신갑주(진리의 허리띠, 의의 호심경, 복음의 신, 믿음의 방패, 구원의 투구, 성령의 검)처럼 미디어 선교사로 사역하기 위해선 다음과 같은 온라인용 전신갑주가 필요하다.

2. 온라인용 전신갑주 갖추기

1) 기획(복음적 스토리 메이킹)

"좋은 시나리오에서 좋은 작품이 나올 수 있지만, 나쁜 시나리오에서 좋은 작품은 나올 수 없다"라는 말이 있다. 좋은 콘텐츠는 좋은 기획이 있어야 가능하므로 기획이 가장 중요하다고 해도 과언이 아니다. 그렇다면 복음적 기획은 무엇이고, 어떻게 해야 잘할 수 있을까?

가장 쉬우면서도 탁월한 방법은 하나님의 마음과 생각을 엿보며 기획하는

[그림 4-1] 온라인용 전신갑주 갖추기

것이다. 결국 성경 말씀을 기본으로 삼고 기도하는 과정 가운데 성령님이 주시는 지혜로 기획한다면 복음적인 내용이 담긴 기획안이 나올 수 있다. 개인적으로 영상을 기획할 때마다 다음 질문을 잊지 않으려고 노력한다. "하나님의 마음과 생각은 무엇일까?" "하나님이 기뻐하시는 내용일까?" "하나님 나라를 위한 콘텐츠일까?" 이런 질문을 통해 만

들고 싶은 콘텐츠의 의미와 방향을 점검해 볼 수 있다.

이 질문은 제작자인 우리에게 도전이 되는 부분이기도 하다. 하나님의 마음과 생각이 닮아 있는 사람이 하나님의 의도에 맞는 콘텐츠를 제작할 수 있기 때문일 것이다. 이런 생각을 되새김해 본다면 하나님의 생각과 마음에 부합되는 그리스도인이 되기 위해 말씀과 기도로 우리 자신을 주님께 바쳐야 할 것이다.

한 가지 팁이 있다면 제작자인 우리 자체가 복음적 콘텐츠를 만들 수도 있지만 이미 사람들에게 영향력을 주고 있는 복음적이고 좋은 콘텐츠를 가진 사람과의 협력을 통해 영상물을 제작하는 것도 효과적인 방법이 될 수 있다. "자신에게 영향을 주고 있는 복음적 스토리를 가진 콘텐츠의 주인공은 누구인가?" 이 질문에 대한 답을 찾아 그 콘텐츠를 더욱 볼 만하게 만들어 보자.[17]

2) 촬영

유튜버가 되기 위해 가장 기본적이고 현장에 꼭 필요한 촬영 기술은 선교에서 매우 유용한 기술이 될 것이다. 상황에 따라 필요한 촬영 노하우를 익힌다면 프로 못지않은 영상을 얻을 수 있다.

① 인터뷰 촬영

인물을 인터뷰 촬영할 때 유의해야 할 것이 있다. 먼저 출연진의 얼굴에 그늘이 지지 않고 빛을 잘 받도록 알맞은 조명이 있어야 하고, 촬

• • • •

17 차배근, 《매스커뮤니케이션 효과이론》(파주: 나남, 2003).

영 주제 콘셉트에 어울리는 장소와 배경을 골라야 한다. 또한 소음이 없는 장소를 선택해야 한다. 돌발 상황이 발생할 수 있는 문 앞이나 복도는 인터뷰 장소로 적절하지 않다. 촬영 콘셉트가 야외가 아니라면 서재나 개인 방 등 외부와 차단되어 있는 공간이 좋다.

장소를 선택한 뒤에는 카메라 렌즈로 보이는 배경의 구도를 신경 써야 한다. 인물과 배경의 구도가 안정적으로 배치되었는지, 배경에 있는 액자가 화면에서 잘리지 않는지, 인터뷰 대상자 외에 다른 사람의 신체가 노출된 채로 촬영되지 않는지, 배경에 있는 거울이나 창문으로 인해 맞은편 모습이 비치지 않는지, 촬영 프레임 안에 방해되는 소품(먹다 남은 음식이나 쓰레기, 시선을 분산시키는 화려한 색상의 소품) 등이 놓여 있지 않는지 등을 확인하고 조치를 취한 뒤 촬영을 시작한다. 뉴스나 다큐멘터리의 인터뷰 촬영을 유심히 보면 화면에 비치는 세세한 소품 하나하나에 신경 쓴 것을 확인할 수 있다. 좋은 인터뷰 촬영은 당연히 내용이 가장 우선시되어야 하겠지만, 화면의 배경인 연출된 소품에 따라 영상 퀄리티가 좌우되기도 한다.

[그림 4-2] 효과적인 인터뷰 팁, 주제에 따라 배경 잘 꾸미기

장소 선정과 적절한 소품 배치가 완료되면 인터뷰 상자의 눈높이에 맞춰 삼각대와 카메라를 설치한다. 삼각대를 사용하는 것이 가장 안정적이지만 없는 경우 삼각대 역할을 할 수 있는 도구를 활용하거나 가장 흔들림이 적은 안정적인 자세에서 촬영을 진행한다.

카메라 세팅까지 완료되면 주제와 어울리는 질문을 통해 출연자가 자연스럽게 말할 수 있는 분위기를 만든다. 인터뷰를 진행할 때는 출연자의 시선 처리가 중요하다. 교회의 창립일 같은 행사에서 성도들에게 축하 인사나 메시지를 보내는 경우 카메라를 직접 보며 촬영하는 것이 좋다. 최근엔 카메라 렌즈를 직접 보지 않고 PD나 작가를 바라보며 질의응답 형식으로 인터뷰하는 형태가 많이 사용되고 있다. 이는 뉴스나 다큐멘터리 등에 주로 쓰이며, 인위적이지 않은 자연스러운 분위기를 연출하는 것이 포인트다. 참고할 것은 질문하는 사람이 카메라에 최대한 가까이 붙어 질문함으로써 출연자의 시선이나 얼굴이 화면에서 많이 벗어나지 않도록 세팅해야 한다.

이제 촬영 준비가 완료되었다. 인터뷰 촬영에서 가장 중요한 점은 일반적으로 촬영을 시작하기 전 어떤 질문을 할 것인지 공유해서 출연자가 질문에 따른 대답을 잘 준비하도록 돕는 것이다. 그래야 촬영도 잘 마무리되는데, 상황에 따라 기대하는 답변이 있다면 이것도 공유해야 한다. 이때 지나친 간섭이 아니라 친절한 가이드 정도로 그 선을 넘지 않도록 주의해야 한다.

특별한 상황이 아니라면 다음 세 가지 질문으로 인터뷰를 진행하면 효과적이다.

· (과거) 이 사역(상황, 행사)에 대해 설명을 부탁드립니다.

– 현장 분위기를 파악하고, 정보가 되는 내용을 담기 위한 질문이다. 일반적인 현황 이야기를 나누면서 출연자도 촬영에 대한 부담감을 털어내고 인터뷰를 시작할 수 있다.

· (현재) 이 사역의 가장 어려운 점과 고민은 무엇인가요?

– 출연자에게 있어 가장 궁금하고, 출연자 본인에게도 위로가 될 수 있는 질문이다. 선교사의 경우 이 질문을 하면 눈물을 흘리면서 호소하는 분도 만날 수 있는데, 이를 통해 선교사를 위로하고 가까워질 수 있다(촬영 시간이 길어질 수 있으므로 질문하기 전에 항상 답변 시간을 미리 고지해야 한다).

· (미래) 이 사역을 통해 기대하는 점이나 기도 제목이 있으면 알려주세요.

– 첫 번째 질문에서 정보를 얻고, 두 번째 질문에서 가장 큰 고민을 알게 되었다면 이제는 출연자의 기대나 기도 제목을 통해 희망하는 방향과 그 내용이 뭔지 알 수 있다. 출연자가 현장에서 고민하고 나름의 결론을 내린 내용으로, 이것을 통해 어떻게 도울 수 있을지 한번 고민해 보고 기도하는 습관은 훌륭한 미디어 선교사의 자세라고 할 수 있다.

② 스케치 촬영

행사나 예배 등의 모습을 스케치 촬영할 때는 촬영해야 하는 위치와 촬영 사이즈 선정에 대한 이해가 있어야 한다. 예배를 촬영할 때는 예배 현장의 전체 장면을 촬영하고, 강사의 모습이 보이는 크기로도 촬영한다. 전체 모습의 촬영을 마친 뒤 예배당 앞쪽에서 청중의 얼굴을 촬영해야 하는데, 그중 열심히 듣는 청중을 클로즈업해 촬영하는 것도 필수다. 강단 앞에서 촬영할 경우 예배에 방해가 되지 않도록 가장자리에서 조심스럽게 촬영해야 한다.

스케치 촬영의 기본 순서는 전체 모습(풀 숏)—4-5명의 모습(그룹 숏)—1명의 얼굴 또는 집중해서 보고 있는 눈(원 숏 또는 클로즈업)—강사의 전체 모습(강사 풀 숏)—강사가 말하는 모습(웨이스트 또는 버스트 숏)이다. 스케치 촬영이지만c 강사가 전달하는 주요 메시지를 녹화해 두면 여러모로 유용하다. 따로 인터뷰를 하지 않더라도 강사의 현장 스피치 내용을 통해 행사의 의미와 방향을 이해할 수 있기 때문이다.

③ 뉴스 촬영

뉴스는 앞선 1번과 2번 촬영이 조화를 이룬 가장 기본적인 장르다. 뉴스 현장의 스케치 촬영을 진행하고, 관계자 인터뷰 촬영을 하면 기본적인 포맷이 된다. 다만 한 장면을 촬영할 때 영상 속 상황을 이해할 수 있도록 최소 5초 이상 촬영해야 한다. 한 가지 덧붙이자면 뉴스의 성격상 현장의 내용을 알려주는 인서트 숏이 반드시 필요하다는 것이다. 예를 들어 뉴스에 많이 나오는 검찰 이야기를 할 때 검찰청 깃발이나 로고를 보여 준다거나 교회 이야기를 할 때 십자가를 보여 주는 식이다. 행사를 알리는 현수막이나 관련 글도 많이 쓰인다.

뉴스 촬영의 경우 딱딱 끊어지는 화면으로 촬영하는 것도 좋다. 짧은 시간 안에 현장 분위기를 보여 주어야 하므로 형식을 갖추어 놓고 그에 맞추어 촬영을 진행해도 무방한 장르다. 다만 관련자를 인터뷰할 경우 현장을 보여 주는 장소에서 촬영을 진행할 것인지, 조용한 장소로 이동해 인터뷰를 진행할 것인지 잘 판단해야 한다.

④ 다큐멘터리 촬영

다큐멘터리는 말 그대로 기록 영상이다. 연출을 최대한 배제하고 현장을 기록해야 하기 때문에 가장 많은 촬영 시간이 소요된다. 다큐멘터리에서 가장 중요한 부분은 드라마적 요소를 찾는 것이다. 다큐멘터리의 뜻은 기록이지만, 시청자들은 현장 자체의 기록보다도 특정한 인물의 이야기에 집중하는 경향이 있다.

다큐멘터리 현장에서 드라마적 요소를 찾아 주인공에 해당하는 사람과 관련된 극적인 이야기나 고난처럼 클라이맥스에 해당하는 이야기를 담아내기 위해 힘써야 한다. 필자가 중동에서 다큐멘터리 '아랍의 한국인들'을 촬영할 때의 일이다. 주인공과 주인공의 아버지가 탄 차가 사막을 달리다가 실제로 모래에 빠지는 상황이 벌어졌다. 자신이 촬영자라면 이런 상황에서 어떤 태도를 취하겠는가?

[그림 4-3] 다큐멘터리 촬영 현장

(1) 빨리 차에서 내려 주인공을 도와 차가 빠져나오도록 돕는다.

(2) 카메라를 들고 주인공이 끙끙대는 장면을 촬영한다.

만약 연출자의 관점이 아니라면 전자를 선택해 도움을 주고 좋은 관계를 유지할 것이다. 하지만 다큐멘터리를 촬영하는 제작자라면 이런 상황에서 영상을 위한 선택을 할 줄 알아야 한다.[18] 물론 현장의 상황과 분위기를 조율하면서 적절한 범위 내에서 조화롭게 진행해야겠지만 좋은 제작자는 때론 고집스럽게 본인의 생각이나 촬영 장면을 고수하는 경향이 있다. 우리 주변에 있는 좋은 영상거리들을 무심코 지나치는 사람이 의외로 많다. 제작자가 확고한 의지로 녹화 버튼을 누르는 일이 없다면 드라마틱한 영상을 담아내기가 어렵다.

3) 오디오

영상을 제작할 때 오디오가 차지하는 비중은 50퍼센트나 된다. 아무리 화려하고 멋진 영상도 오디오가 없으면 쓸모없는 영상이 되어 버리고 만다. 녹화를 하다가도 오디오에 이상이 있으면 반드시 중지해야 한다. 그리고 시간이 걸리더라도 오디오가 잘 들어오는지 확인하고 다시 진행해야 한다. 오디오의 레벨을 적당하게 조정하는 것도 중요하다. 너무 크게 수음하면 듣기 불편한 소리가 되고, 너무 작게 수음하면 편집 과정에서 키울 수는 있지만 기계음 노이즈가 들어갈 수 있기 때문이다.

카메라로 촬영할 때는 무선 마이크로 진행한다. 카메라에 수신기 마이크를 장착하고 인터뷰를 진행하는 사람의 가슴 부근에 마이크를 꽂아 오디오를 수음하는 것이 촬영 현장의 일반적인 모습이다. 여기서는 휴대폰 촬영을 기본 전제로 하기 때문에 휴대폰 장착용 유선 마이

• • • •

18   앨런   로젠탈, 《다큐멘터리 제작론》(서울: 커뮤니케이션북스, 2002).

크를 필수품으로 가지고 다녀야 한다. 블루투스 마이크처럼 세련된 제품을 사용하면 좋겠지만, 금액 면에서 부담이 된다면 1만 원 정도 하는 유선 마이크도 오디오 수음용으로는 충분하다. 유선 마이크가 없다면 인터뷰하는 대상자와 최대한 가까운 거리에서 촬영하는 것이 좋다. 물론 머리 위쪽으로 헤드룸[19] 공간과 목 아래의 가슴부위 까지는 프레임 안에 들어오도록 촬영해야 하기 때문에 지나치게 가까울 필요는 없다. 다만 50-100센티미터 정도 거리에서 촬영해야 오디오가 수음되는 데 무리가 없다.

[그림 4-4] 카메라 본체의 오디오는 기계음이 들어가므로 사용하지 않는 것이 좋다

마이크는 없는데 오디오를 잘 수음해야 하는 경우나 좀 더 먼 거리에서 촬영하면서 오디오를 잘 잡아내기 위해서는 대안이 또 한 가지 있다. 다른 휴대폰의 녹음 기능을 활용하여 오디오를 녹음해 나중에 파일을 따로 받는 것이다. 동영상 편집을 할 때 음성 파일을 영상에 맞춰야 하는 번거로움 때문에 잘 사용하지 않지만, 가능한 대로 사용하

• • •

19 피사체의 머리 위와 화면 사이즈의 천장 사이 여백을 가리킨다.

면 오디오 퀄리티를 높일 수 있다.

　　두 명 이상의 오디오를 수음하는 것도 중요한 부분이다. 인터뷰 대상자가 두 명일 경우 마이크를 두 사람 중앙에 설치해 수음하는 것이 편집을 진행할 때 편하다. 테이블에 마이크를 둘 경우에는 탁자 소리가 들어가지 않도록 주의해야 한다. 탁자를 치는 소리나 탁자를 흔드는 소리가 들어가지 않게 책이나 쿠션 등을 활용하는 것도 좋은 방법이다.

　　인터뷰 대상자가 세 명 이상인 경우 오디오가 균일하게 수음되기 어렵기 때문에 골고루 들어가도록 특별히 신경을 써야 한다. 출연자들이 직접 마이크를 주고받으면서 진행할 수도 있는데, 이 모습이 영상으로 봤을 때 어색하지 않다면 한 가지 방법이 될 수 있다.

　　마이크를 주고받는 방법이 촬영 콘셉트와 맞지 않다면 마이크 수를 늘릴 수밖에 없다. 카메라 촬영의 경우 마이크 두 대를 한 대의 카메라에 맞물려 수음할 수 있다. 카메라 기종에 따라 다르겠지만 두 대의 마이크를 각각 좌측과 우측 오디오 채널로 촬영한 뒤 편집할 때 따로 분리해 오디오를 사용할 수 있다. 휴대폰으로 촬영해야 하는 경우 두 대 이상의 스마트폰을 사용하여 각각의 오디오를 수음하는 식으로 진행할 수도 있다.

4) 편집

　　최근에는 휴대폰으로 동영상을 편집할 수 있는 앱(application, 애플리케이션)이 많아졌다. FMnC 선교회에서는 '키네마스터' 앱으로 강의를 진행하는데, 유튜브에도 이미 많은 강의 자료가 업로드되어 있다. 사실 편집은 지속적으로 공부해야 하는 영역이다. 기술이 발전하는 만큼 편집 관련 기술도 계속 업데이트되기 때문이다. 편집과 관련된 몇 가지 중요한 개념과 교회에서 주로 진행하는 장르의 편집 노하우를 나누고자 한다.

[그림 4-5] 동영상 대표 편집 앱인 키네마스터, 블로, 비타

① 편집점
편집을 위한 촬영이라는 개념이 있다. 편집을 염두에 두지 않은 촬영은 편집자를 힘들게 할 수 있다. 그래서 촬영을 진행하는 사람은 편집점을 생각하며 촬영해야 한다. 편집점은 촬영 시 편집에 사용할 내용의 시작과 끝을 매듭짓는 개념이다. 편집점이 있으면 촬영 파일을 편집할 때 한결 수월하다.

② 카메라 두 대를 사용하는 이유
카메라 앞에 서는 것에 익숙하지 않은 인터뷰 대상자에게는 화면으로 봤을 때 좋지 않은 스피치 습관이 있다. 입을 쩝쩝대거나 코를 훌쩍거리거나 같은 말을 반복하는 것 등이다. 그래서 인터뷰 촬영을 할 때는 카메라 두 대로 동시에 촬영할 것을 추천하는데, 두 대의 카메라로 다른 샷을 촬영하면 편집할 때 화면 전환이 자연스러워지고 화면을 걸

러낼 수도 있다.

두 대로 찍기 어려운 상황이라면 한 가지 팁이 있다. 인터뷰를 다 마친 뒤 출연자를 그대로 앉아 있도록 하고, 출연자의 손이나 들고 있는 물건, 크기가 다른 뒷모습을 찍어 두면 인터뷰 촬영 편집 시 인서트 컷으로 활용할 수 있다. 이런 장면은 편집을 좀 더 자연스럽게 만들어 준다.

[그림 4-6] 카메라가 두 대라면 하나는 인터뷰 대상자, 다른 하나는 넓은 사이즈로 촬영

③ 찬양 편집

찬양 집회나 콘서트 형태의 음악이 있는 영상을 편집할 때는 음원이 굉장히 중요하다. 하나의 동일한 음원이 아니면 음악의 흐름이 깨

지기 때문이다. 음악과 관련된 촬영을 할 때는 절대로 중간에 녹화 버튼을 끄면 안 된다. 오디오가 잘 들어오는지 확인한 뒤에 녹화를 진행해야 한다.

5) 자막

한국의 '빨리빨리' 문화는 '더 빨리빨리'가 됐다. 영상도 1분이 넘어가면 길다고 잘 보지 않는 시대가 되어 버렸다. 그런데 그 영상 안에 적절하게 자막을 넣어 주면 시청자의 시선을 사로잡을 수 있다. 그만큼 자막에 대한 비중이 높아졌다. 소위 자막 센스라고 하는데, 요즘은 자막을 잘 만드는 피디와 그렇지 못한 피디로 나뉘면서 자막의 중요성이 강조되고 있다. 그러나 자막 센스가 없는 사람도 크게 걱정할 필요는 없다. AI 기술을 가진 자막 프로그램이 생겼기 때문이다. 'VREW'라는 영상 편집 프로그램은 인공지능을 활용하여 영상 내의 음성을 텍스

[그림 4-7] 기술이 영상을 만들다 —
인트로 영상, 자막이
거의 자동으로 완성되는 시대

트 파일로 가져와 편집 프로그램에서 바로 사용할 수 있다. 또한 적절하고 멋스러운 자막으로 만들어 주는 다양한 프로그램과 앱이 있는데, 이런 프로그램을 잘 활용하면 큰 효과를 볼 수 있다. 자막도 상황과 쓰임에 따라 여러 가지 방법으로 활용할 수 있는데, 다음에서 다양한 자막 활용법을 설명하겠다.

① 말 자막

출연자가 한 말을 전부 자막으로 처리하는 방법이다. 일반적으로 깔끔한 고딕체를 사용하는데 좀 더 무게감을 주고 싶을 때는 명조체를 사용한다. 취향에 따라 폰트를 설정하되, 영상에서는 깔끔하고 무난한 것을 선택하면 실패 확률을 줄일 수 있다. 그러나 콘셉트와 특징을 잡고 싶을 때는 그에 어울리는 글씨체를 사용해도 무방하다.

② 상황 자막

상황을 정리하는 자막이다. 출연자가 한 말을 모두 적으면 쉽겠지만, 시청자들이 그 상황을 보기 편하고 이해하기 쉽도록 정리하는 목적의 자막이다 보니 생각보다 표현해 내는 데 어려움이 따른다. 평소 요약을 잘하고 전달을 잘한다면 제대로 된 상황 자막을 작성할 수 있다.

요즘 상황 자막은 여러 가지 형태로 변화하는 중이다. 최근 몇 년 전부터 제작진 관련 자막을 넣는 것이 유행인데, 상황 자막의 일부라고 할 수 있다. 제작진의 상황 자막을 통해 프로그램의 흐름을 유도할 수 있기 때문에 이런 자막을 잘 활용하면 의도한 콘셉트의 프로그램으로 발전시킬 수 있다.

③ 정보 자막

시청자에게 정보를 제공하는 자막이다. 의학 관련 프로그램, 법률 관련 프로그램에 나오는 정보 자막이라고 생각하면 이해하기가 쉽다. 시청자에게 추가 설명이 필요할 때 사용하면 효과적이다.

6) 음악

적절한 음악은 시청자의 만족도를 몇 배로 높여 준다. 찬양 한 곡에 우리의 마음이 뜨거워지듯 영상에 들어가는 음악은 큰 비중을 차지한다. 작업할 때 여러 가지 형태가 있겠지만, 개인적으로 음악을 선곡할 때 먼저 영상과 관련해 떠오르는 느낌을 적어 본다. 예를 들어 슬픈 이야기가 담긴 콘텐츠는 슬픔, 아쉬움, 괴로움 등의 키워드로 음악을 찾는다. 반대로 기쁜 이야기가 담긴 콘텐츠는 즐거움, 신남, 쾌활 등의 키워드를 가지고 선곡한다.

영상의 길이에 따라 해당 곡의 한 부분을 편집해 사용하는데, 개인적으로 앞부분과 뒷부분을 우선적으로 들어 본다. 영상이 시작되고 끝나는 시점과 노래의 흐름을 맞추면 생각보다 더 좋은 효과를 보기도 한다.

참고로 곡을 사용할 때는 저작권과 관련한 주의가 필요하다. 유튜브에 저작권 없는 노래를 보유하고 있으니 잘 활용하기를 바란다. 또한 '모션엘리먼츠' 같은 유료지만 무제한으로 사용할 수 있는 템플릿 사이트도 잘 활용하면 투자 대비 큰 효과를 볼 수 있다.

7) 렌더링

모든 편집 과정을 마치고 나서 작업한 파일을 하나의 파일로 만드는 렌더링 작업을 거치게 된다. 컴퓨터, 휴대폰 사양, 영상의 화소 등에 따라 렌더링 소요 시간에 꽤 많은 차이가 난다.

8) 유튜브 업로드

유튜브를 이용해 영상을 업로드하려면 구글 계정이 있어야 한다. 유튜브는 동영상 파일 올리기와 실시간 방송을 할 수 있는 두 가지 형태의 기능을 제공한다. 유튜브에 동영상을 업로드할 때 기본적인 정보를 작성하게 되는데, 동영상이 잘 노출되는 기본 공식을 이해하고 있으면 좋다.

3. 발전 방향

1) 공동 프로젝트에 참여하자

영상 제작 작업은 생각보다 큰 열정과 끈기가 필요하다. 영상을 대충 만들어 업로드하는 것은 그리 어렵지 않다. 그러나 다른 사람들한테서 "볼 만하네"라는 말을 들을 정도의 수준으로 만들고, 하나님이 기뻐하시는 영상을 만들기 위해선 끊임없이 고민하고 연구하는 과정이 필요하다. 자막의 오타 검수와 출연자가 하는 말의 뉘앙스를 맞추기 위해 밤이라도 새겠다는 열정이 필요하다. 그렇다 보니 영상 제작이 어렵게 느껴지고, 포기하게 되는 경우가 많은 것도 사실이다.

포기하지 않기 위해 개인적으로 선택한 방법은 안 할 수 없는 구조로 들어가는 것인데, 예를 들면 제작비를 받고 제작 완료 시점을 정해 그 기한 내에 마치는 것이다. 필자는 방송국에 있다 보니 방송 일정에 맞춰 진행하는 방식에 익숙한 편이다. 즉 어느 정도 습관화되는 것도 필요하지만 영상을 성공적으로 잘 마무리하려면 기획자와 제작자 그리고 함께 고민해 주고 격려해 주고 짐을 나눌 수 있는 팀의 지원이 절대적으로 필요하다.

프로젝트에 참여하는 방법은 기본적으로 자신이 출석하는 교회 미디어팀 내에서 목표를 세우고 진행하는 방법과 외부의 공모전에 참여하는 방법이 있다. 미디어 사역은 특별히 교회마다 분위기가 많이 다른데, 예를 들면 영상을 통해 성도들에게 비전과 기도를 유도할 수 있는 영상의 효과를 잘 아는 교회는 그만큼 투자와 지원을 아끼지 않는다. 반면 영상을 목회의 작은 부속품처럼 여겨 제작자들의 식사비 정도만 지원하면 된다고 생각하는 교회도 있다. 물론 교회에 여러 가지 사역이 있지만, 그 정도로 투자해서는 좋은 영상이 나오기가 힘든 것이 현실이다. 최소한 밤을 새우고 고민해야 하는 편집자에게는 동기부여가 될 수 있는 요소가 필요하다. 그것이 꼭 물질적인 것이 아니더라도 영상을 위해 기도하고 응원하는 후원도 필요한 요소다. 중요한 것은 편집자가 영상 편집을 하다가 대충 만들거나 "왜 나 혼자만 생고생을 하지?"라는 의문이 드는 순간 아무리 높은 퀄리티로 촬영했다고 해도 그 프로젝트는 성공하기 어렵다. 영상에서 편집의 비중이 큰 부분을 차지하기 때문이다.

교회에서 진행하기가 애매한 사람은 영상 관련 단체나 기독교 방송국에서 진행하는 여러 가지 이벤트와 공모전에 참여하는 것도 좋은 계기가 될 수 있다. 이에 대한 정보가 없거나 상황이 애매하다고 생각되면 FMnC 선교회에서 진행하는 SVS 스쿨에 참여하는 것도 좋은 계기가 될 수 있고, 실전에서 제작을 경험하며 미디어 선교 훈련을 원한다면 '보게꿈 미니스트리' 섬기는 필자에게 연락해도 좋다.[20]

2) 구성에 대해 끊임없이 고민하고 구성안을 작성하자

기본적인 스킬과 하고 싶은 이야기가 정해졌다면 다음 단계로 가기 위해 넘어야 할 가장 큰 산은 콘텐츠 구성이다. 어느 부분을 영상에서 제외하고 어느 부분에 힘을 주어 편집해야 할지를 결정해야 하는 단계인데, 일반적으로는 작가의 역할로 구분된다. 개인적으로는 작가적 연출가를 지향한다. 그래서 이야기의 구성을 어떻게 정리하느냐에 따라 누구를 주인공으로 선정하고 누구를 조연으로 설정하는지가 구성안에서 조정되다 보니 매우 중요한 과정이다. 그만큼 구성 여부에 따라 콘텐츠가 발전할 수 있는 부분이 많다. 이야기를 흥미진진하고 재미있게 전달하는 능력을 가진 사람이라면 이 작업을 잘 진행할 수 있다.

설교를 준비할 때 같은 본문을 갖고도 실감 나고 가슴에 와 닿게 하는 목회자가 있고, 지루하게 설교하는 목회자도 있을 것이다. 영상도 비슷하다. 같은 내용도 어떻게 구성하고 진행하느냐에 따라 퀄리티가 달라진다.

구성을 고민하고 수정할 때 매우 중요한 포인트는 주제를 밀고 나가는 뚝심이다. 기독교의 주제가 예수님이라면 설교의 주제도 예수님이어야 한다. 제목을 보면 예수님이 주인공인데, 설교 내용에서 예수

· · · ·

20 '보게꿈 미니스트리'는 그리스도인 제작자들의 모임으로 교회, 단체와 협력해 선교적 콘텐츠 제작을 진행하고 있다. 실제 제작 현장을 영상 제작 기술 훈련의 장으로 활용하고 재정을 만들면서 텐트메이커로서의 미디어 선교사로 발전하며, 미디어 선교 공동체를 이루는 미니스트리다.

님이 아닌 목회자의 예화나 다른 어떤 사건이 부각되고 예수님의 이야기가 제대로 전달되지 않는다면 아무리 재미있어도 실패한 설교가 되고 만다. 이처럼 관심을 끄는 재미있는 이야기를 하고 있어도 주제를 명확히 전달하지 못한다면 좋은 콘텐츠가 될 수 없다.

주제는 그대로 유지하면서 어떻게 드라마틱하게 구성해 전달할 것인지 출근길에도, 화장실에서도, 자기 전에도 고민하면서 계속 머릿속으로 내용을 변화시키는 습관이 자리 잡았을 때 콘텐츠는 놀랍게 발전할 수 있다.

3) 좋은 영상을 보고 분석하는 눈을 기르자

초보자들이 빠른 시일 안에 퀄리티 있는 영상을 제작하기 위해 가장 좋은 방법은 좋은 영상을 많이 보는 것이다. 이때 일반 시청자가 TV를 보는 수준으로 보면 큰 진척이 없다. 영상을 볼 때 분석의 관점으로 보아야 한다. 분석적으로 영상을 인식하게 되는 수준에 이르면 영상을 제작할 때 이를 적용할 수 있게 된다.

예를 들어 작가들이 다큐멘터리를 비롯한 프로그램을 분석할 때는 이미 만들어진 영상을 컴퓨터에서 다운받아 보고, 편집 구성안을 써본다. 첫 장면을 어디서 시작했는지, 주인공의 대사 내용이 무엇인지, 어떤 효과를 사용했고 어떤 폰트를 사용했는지, 카메라는 몇 대를 사용했는지, 진행자가 어떤 의상을 입고 어떤 캐릭터로 그려졌는지 등을 체크하면서 보아야 한다. 이렇게 분석하면서 편집 구성안을 만들어 보면 프로그램을 만드는 PD와 작가의 구성안을 엿볼 수 있게 되고, 간접적으로 콘텐츠를 구성하는 맥락을 경험할 수 있다.

연출가도 마찬가지다. 영상을 제작할 때 뼈대는 중요한 요소와 아이디어가 되는데, 아이디어를 엿볼 수 있는 영상을 많이 시청하면 창의력에도 도움이 된다. 개인적으로는 고등학교 때부터 방송 관계자들과 만나 영상 제작을 분석하는 대화를 많이 나누다 보니 어느 때부터인가 자연스럽게 사물을 영상 제작의 관점에서 바라볼 수 있게 되었다. 스크린 뒤의 현장 모습을 예측할 수 있는 제작자가 되면 좋은 영상을 만들 수 있는 DNA가 만들어진 것이다.

4. 선교적 사용법

1) 선교지 리서치 프로그램

영상 제작 기술을 배우는 것도 매우 중요하다. 취향에 따라 다양한 형태의 집을 구매할 수 있지만 그 집안의 분위기는 사람을 통해 결정된다. 이렇듯 집과 같은 역할을 하는 기술은 우리의 이야기를 보관할

[그림 4-8] 아랍 CGNTV에서 제작한 마이카의 중동 이야기 2(중동 리서치 프로그램)

수 있지만 그 안의 이야기는 콘텐츠가 핵심이다. 영상을 선교적으로 사용한다는 의미는 결국 선교적 콘텐츠를 제작하는 것이 핵심이다.

우리가 선교지를 위해 기도하거나 방문하는 경우, 선교사들의 사역을 이해해야 하는 경우 가장 필요한 것은 선교지의 상황과 정보, 기도 제목이다. 그런데 대부분의 경우 선교지에 대한 이해가 부족하다. 해외여행 프로그램과 선교지에서 온 편지는 많지만, 영상을 통해 선교지에 대한 이해를 높이기 위한 프로그램은 매우 제한적이다. 그래서 "우리가 머물고 있는 곳이 선교지라면" "선교할 수 있는 국내라면" 등 선교와 관련된 이야기를 담는 것 자체가 큰 의미가 있다.

먼저 선교지의 선교사 또는 선교 사역과 관련된 내용을 촬영하는 것이다. 아웃리치나 선교지에 머물고 있다면 협력 선교사의 사역을 소개하는 과정을 통해 선교지를 이해하기 위한 영상을 제작할 수 있다. 필자는 과거 방송사에서 선교지를 방문하여 선교사와 3-7일간 함께 지내며 인터뷰를 하고, 사역하는 모습이나 관련된 현지인 모습 등을 취재하면서 선교지와 선교사를 이해할 수 있었다. 특별한 경우라서 일반적으로 제작하기에 적합하지 않을 수 있지만 제작하고자 하는 의지만 있다면 혼자서도 충분히 선교지나 선교사 다큐멘터리를 제작할 수 있다.

[그림 4-9] CGNTV 독수리 5형제 (선교사 다큐 종합 구성물)

선교지의 모습을 담은 선교적 콘텐츠는 다큐멘터리를 비롯해 여러 가지 형태로 제작될 수 있지만, 여기서 추천하는 방향은 바로 각자 상황에 맞게 있는 그대로의 관점으로 선교지의 내용을 담아내는 것이다. 공중파 방송사의 다큐멘터리처럼 제작하려면 많은 사전 조사와 사전 인터뷰가 필요하다. 장비와 인력도 상당히 소요된다. 전문 제작자가 아닌 사람이 가장 쉽게 접근할 수 있는 방법은 일상에서 갖게 되는 의문점, 특이한 점, 감동적인 부분을 선교적 관점으로 제작해 보는 것이다. 만약 선교지에서 살게 된다면 분명 한국 문화에서 경험할 수 없는 일이 생기고, 외국인 친구도 생길 것이다. 때로는 무슬림 친구나 힌두교도 친구도 생길 것이다. 이런 환경이라면 문화적으로 생소하거나 의문이 드는 일을 선교적 관점에서 취재하는 것도 좋은 경험이 된다.

또한 한국에서 만나기 어려운 선교지에 특화된 직업을 가진 친구나 그 나라에 대해 반드시 알아야 하는 정보도 있을 것이다. 이런 내용을 선교적 관점으로 접근해 제작한다면 과정 자체도 의미 있고 색다른 경험이 될 수 있다. 시청자들은 연출자를 통해 정보를 얻고, 대리만족을 하며 선교지에 대해 알아갈 것이다. 선교지를 알아가는 것이 선교의 첫 걸음이라고 생각한다면 이미 미디어 선교사로 발돋움한 것이다.

[그림 4-10] 아부다비에서의 리서치 프로그램 (유럽 난민 하이웨이 다큐멘터리)

2) 일상 선교 콘텐츠 제작

앞서 언급한 내용이 선교지에서 제작할 수 있는 콘텐츠였다면 이번에는 한국에서 제작할 수 있는 선교적 콘텐츠를 나누고자 한다. 저마다 상황이 다를 텐데, 필자는 선교사 신분이면서 기독교 방송국 소속이어서 자연스럽게 선교사와 목사, 사역자를 많이 만났다. 그러면서 선후배들의 귀한 간증과 귀한 정보 등을 듣게 됐는데, 혼자 듣기에 아깝다는 생각이 들었다. 강의나 포럼 등으로 나눌 수도 있었겠지만, 특별히 어딘가로 이동하거나 여행할 때 차 안에서 사역자들의 진솔한 이야기를 들을 수 있었다.

차 안은 굉장히 밀도 있는 공간이다. 운전하면서 삶의 이야기와 속내를 나누면서 금방 친해지게 되는데, 그 현장을 휴대폰 하나로 촬영해 보여 주는 것이다. 차가 덜컹거리고 음질이 썩 좋지 않은 경우도 있지만 약간의 도구를 활용해 좀 더 나은 퀄리티로 이야기를 담을 수 있다면, 게다가 편집까지 스마트폰으로 해서 바로 업로드할 수 있다면 걸어다니는 1인 방송국이 되는 것이다. 또한 선교적 관점에서 질문할 수 있다면 스마트 선교사로서 충분한 자질을 이미 갖췄다고 말할 수 있다.

최근 선후배와 차 안에서 이야기 나누는 것을 촬영했는데, 아직 채

[그림 4-11] 최 피디의 드라이빙 톡!

널에 올리진 않았지만 가능하면 휴대폰으로 편집까지 마무리해 보고 싶은 콘텐츠다. 스마트폰으로 찍고! 편집하고! 업로드하고!

초등학교와 유치원에 다니는 아이들이 있다. 아이들이 있는 집이라면 사진과 동영상을 즐겨 촬영할 것이다. 아이들의 생일, 평소 아이들이 즐거워하며 웃는 모습, 아름다운 장소에서 찍는 기념사진 등 많은 사진과 동영상을 촬영하게 된다. 그때 한 가지 고민이 생기는데, 어떤 장면을 사진으로 남기고 어떤 장면을 동영상으로 기록해야 할지 선택하는 것이다. 이것은 대부분의 부모 또는 촬영하는 역할을 맡은 사람이라면 누구나 하게 되는 고민이다.

그리스도인 유튜버는 여기서 한 가지를 더 고민해야 한다. 어떻게 하면 우리 아이들이 예수님을 떠올리고 닮아 가도록 할 수 있을까? 사실 예수님을 닮아 가게 하는 것은 우리의 능력 밖이다. 우리 자체가 예수님을 따르는 제자의 삶을 살아야겠지만 현실적으로 쉽지 않을 때가 많다. 그러나 우리가 할 수 있는 한 가지 역할이 있다. 즐겁고 아름답고 의미 있는 상황에서 아이들에게 예수님을 떠오르게 하는 질문을 던지는 것이다. (생일 파티 현장에서 축하해 주고 나서) "예수님이 너를 참 많이 사랑하시나 보다. 그러니 ○○도 예수님께 한 마디 하는 건 어때?", (너무

[그림 4-12] 아이들과의 일상생활에서 선교적 관점 유도 (유튜브 시청에 대한 고민)

열심히 유튜브를 보고 있는 아이를 혼내기보다) "예수님이셨다면 유튜브를 열심히 보셨을까?", (해, 별, 자연 등 아름다운 장소에서) "하나님이 이 모든 것을 창조하셨는데, 어떤 것을 가장 잘 만드신 것 같아?" 등.

5. 선교적 사례와 결과

1) 중동 지역에서의 스마트 선교

① 위성 TV를 통해 복음을 전하는 이슬람 선교

개인적으로 아랍에미리트에서 미디어를 통한 선교를 고민하고 시도한 경험이 있다. 실제로 이슬람 영향 아래 있는 중동 지역에서는 위성 TV를 통해 복음을 전하는 사역이 가장 활발하다. 많은 아랍 사람, 무슬림이 꿈에 만난 예수님을 기독교 위성방송에서 소개하는 것을 보고 문의하거나 간증 전화가 오고 있다. 무슬림을 긍휼히 여기시는 하나님은 꿈으로, 위성 TV로, 최근에는 유튜브로 복음을 접하게 하신다.

② SNS를 통해 아랍 세계가 뒤집어졌다, 〈아랍의 봄〉

아랍 사회를 큰 충격에 휩싸이게 했던 아랍의 봄 사건을 아랍 지역의 그리스도인들은 어떻게 바라보고, 더 나아가 어떻게 바라보게 해야 하는지에 초점을 맞추어 〈아랍의 봄〉 다큐멘터리로 제작한 적이 있다. 그들에게 큰 사건이니만큼 그런 콘텐츠를 통해 복음을 나누고자 한 시도가 있었는데, 더욱 효과적인 콘텐츠를 제작하기 위해 이집트의 반석미니스트리 같은 단체와 지속적으로 연결되어 아랍 무슬림과 난민에게 복음을 전하기 위해 협력하고 있다. 이슬람 지역은 복음을 전하는 데 있어 정말 열악한 상황이다. 그런 상황 가운데서 복음적이고 선교적인 콘텐츠는 온라인에서 복음을 전하는 사도 바울이 될 수 있기에 우리는 이런 온라인 선교적 상황을 잘 활용해야 한다.

2) 선교 단체와 협력

미디어 사역자에게는 콘텐츠 자체도 중요하지만 콘텐츠를 잘 꾸미고, 사람들이 보도록 콘텐츠를 잘 포장하는 영상 기술도 필요하다. 센스 있는 제작자라면 실제 콘텐츠보다 영상을 더 볼 만하게 만들 수 있다. 복음적이고 선교적인 단체의 영상 콘텐츠를 볼 만하게 만들어 주는 실력이 필요하다는 이야기다.

한 가지 더 필요한 것이 있다. "정말 복음적이고 선교적인 단체인가?" "그곳에서 만들어지는 미디어 사역이 하나님 보시기에 정말 좋은 것일까?"라는 질문을 분별할 줄 아는 영성이 있어야 한다. 재정과 인력을 지원받을 수 있는 교회나 단체와 협력하고 열악한 단체에 재능을 기부해 영상을 만들어 줄 수도 있겠지만, 가장 중요한 것은 우리가 협력하는 단체가 과연 복음적인가 하는 점이다.

미디어 플랫폼과 콘텐츠를 통해 성과를 내고 영향력을 휘두르려는 단체의 '허수아비'가 되지 않으려면 우리는 예수님을 따르는 제자로서의 정체성을 갖고, 복음적 소신을 가진 저널리즘 기자로서의 정신을 발휘해야 한다.

Chapter 5,

Search for Jesus(SFJ) :

찾는 이가 찾아낼 수 있도록

김재석(SFJ 한국 사역 디렉터)

1. 서론

2020년 자료에 따르면 현재 세계 인구는 77억 명이다. 또한 통계에 따르면 전 세계 그리스도인 숫자는 25억 명 정도다. 이론적으로 계산하면 25억 명의 그리스도인이 일 년에 한 사람만 전도해도 2년이면 전 세계의 모든 사람에게 복음이 전달될 수 있다. 그러나 실제로 이런 일은 일어나지 않는다. 그 이유는 그리스도인 가운데 전도에 열심인 사람이 적고, 불신자들을 만나 복음을 전할 수 있는 기회가 드물고, 전도 방법도 쉽지 않기 때문이다.

온라인 전도는 전도와 선교 영역에서 새롭게 등장한 사역 방법이다. 이는 IT 기술이 발달하면서 인터넷을 통해 온라인상으로 사람 간의 연결성과 접근성이 높아짐에 따라 생겨난 새로운 전도 전략이다. 오늘날 세계 인구 77억 명 중 62퍼센트 이상인 48억 명이 인터넷을 사용하고 있다. 이렇게 인터넷으로 연결된 온라인 세상을 '제7대륙'이라고 부른다.

인터넷상에서 온라인으로 연결된 제7대륙의 사람들은 24시간 쉬지 않고 접근이 가능하며, 복음 전도가 금지된 국가에서조차 아무런 제약 없이 누구에게나 접근이 가능하다는 장점이 있다. 게다가 지금은 전 세계 인구의 절반 이상이 스마트폰을 보유하고 있다. 특히 한국에서는 인구의 90퍼센트 이상이 스마트폰을 사용하고, 소통을 위해 카카오톡을 이용한다. 스마트폰이 있으면 어느 곳에서나 인터넷 연결이 가능하고, 전 세계 누구와도 연결이 가능하다. 이제 스마트폰이나 PC를 사용해 영적 갈급함을 가진 사람들을 온라인상에서 만날 수 있는 가능성과 접근성이 그 어느 시대보다 높아졌다. 우리는 이런 상황을 전도와 선교에 선하게 사용할 방안을 강구해야 한다.

온라인상의 영적 상황은 오프라인에서 전도할 때의 상황과 거의 동일하다. 온라인상에서 이뤄지는 인터넷 전도가 성공하려면 온라인상의 영적 전쟁에 참여할 군사를 모집해 훈련시켜야 하며, 영적 전쟁의 승리를 위해서는 성령님의 도우심이 절대적으로 필요하다.

인터넷 전도에 참여하는 영적 군사로는 온라인상의 구도자들을 그리스도에게로 인도하는 e-코치(e-coach)와 디딤글을 작성하는 디딤글 작가, 화가, 미디어와 IT 전문가, 온라인 마케팅 전문가, 중보기도자, 재정적 후원자, 다양한 영역에서 활동할 자원 봉사자가 필요하다.

2. 전도와 선교에 선하게 사용될 수 있는 인터넷

다음 사진([그림 5-1])은 오늘날 흔하게 접할 수 있는 지하철 내의 풍경이다.

[그림 5-1] 요즘 지하철 내의 풍경

대부분의 사람이 스마트폰을 들여다보고 있다. 요즘 세대는 자신의 고민거리나 궁금한 것을 부모님이나 선생님, 친한 친구에게 질문하기보다는 네이버나 구글, 특히 유튜브 검색을 통해 해답을 찾고자 한다. 심지어 영적인 질문에 대한 해답도 인터넷에서 찾는다. 구글 통계에 따르면 단어 'God'을 검색하는 횟수가 매일 200만 건이 넘는다고 한다. 진리에 목마르고 심령이 가난한 자들이 지금 인터넷에서 하나님을 찾고 있다.

2000년 전에 사도 바울은 로마가 닦아 놓은 훌륭한 도로망을 이용해 그리스도 예수의 복음을 전하러 다녔다. 현대에는 하나님이 인터넷이라고 하는 IT 기술을 통해 로마의 도로 같은 가상의 도로를 건설하시고, 모든 사람을 인터넷으로 연결해 놓으셨다. 하나님은 이 시대에 복음을 전달할 통로를 인터넷이라는 IT 기술을 통해 준비하신 것이다. 하나님의 놀라우신 섭리와 지혜가 아닐 수 없다. 이제 우리 그리스도인은 이 엄청난 가능성을 지닌 인터넷을 새로운 시각으로 바라보고, 전도와 선교에 선용할 방법을 찾아야 한다.

1) 인터넷 자체가 부정한 것은 아니다

많은 그리스도인이 인터넷에 대해 부정적인 시각을 갖고 있다. 그것은 인터넷에 음란물과 폭력물 같은 부정적 콘텐츠가 많기 때문이다. 그러나 인터넷에 대한 신학적 접근은 인터넷 자체를 부정적으로 말하지 않는다. 조직신학적 관점에서 볼 때 인터넷은 하나님의 일반 은총에 속한다. 하나님의 은총은 하나님이 인간의 편리와 행복을 위해 주신 문화나 도구를 말한다. 인터넷도 하나님이 주신 일반 은총 가운데 하나이며, 그분의 선물이다. 스마트폰, 영화, 책, 음악, 미술과 같은 모든 것이 하나님의 은혜이며 선물임을 인식할 필요가 있다.

2) 기술은 가치중립적이다

인터넷을 부정적 시선으로 보는 것은 사도행전 10장 11-15절에 나오는 베드로의 환상과도 같다. 베드로가 부정하다고 생각한 짐승을 하나님이 깨끗하게 하셨다고 말씀한다. 비록 인터넷상의 많은 내용물이 부정적인 것투성이일지라도, 인터넷이라는 기술 자체는 가치중립적이다. 과거에 로마가 세계 정복을 위한 목적으로 도로망을 건설했지만 도로망 자체는 중립적인 가치를 가짐으로써 바울은 복음 전도를 위해 이를 활용했다. 오늘날의 인터넷 기술도 가치중립적이며, 모든 사람을 연결해 주고 모든 사람에게 다가갈 길을 열어 준다.

3) 다가온 동영상 시대: 복음 전도에 활용하다

지금은 동영상 시대이다. 자기가 원하는 정보를 구글이나 네이버에서 문자로 검색하는 세대는 구세대가 되었다. 요즘 청소년들은 원하는 정보를 스마트폰의 유튜브에서 동영상으로 검색한다. 이처럼 다음 세대가 동영상으로 정보를 얻는다면, 복음도 동영상으로 제시해야 할 것이다. 최근 들어 무슬림 국가에서 회심의 역사가 많이 일어나고 있는데, 예수님이 꿈에 나와 회심한 자는 10퍼센트인 데 반해 인터넷 동영상을 보고 회심한 자는 90퍼센트라고 한다. 따라서 복음 제시를 동영상으로 하는 것이 중요한 시대가 되었다.

3. 인터넷 전도의 역사

인터넷 전도 사역은 2005년 Jesus.net(https://Jesus.net) 사역을 통해 시작되었다. 유럽에서 시작된 이 사역은 현재 전 세계 75여 개 선교 단체와 기관이 참여하고 있으며, 대표적인 단체로는 빌리그래함 전도협회(BGEA), 국제 C.C.C., 애니메이션 성경인 슈퍼북을 제작한 CBN(Christian Broadcasting Network) 등이 있다.

이 중에서 가장 큰 영향력을 가진 선교 단체는 미국의 빌리그래함 전도협회(BGEA)다. BGEA는 온라인 전도 사역을 위해 2011년에 플랫폼 'SFJ(Search for Jesus)'를 개발했다. 2011-2020년 약 10년간 이 사이트를 방문한 사람은 총 8,983만 명이고, 이들 가운데서 예수님을 영접한 사람은 1,604만 명이다 . 이 사역은 현재 6개 언어(영어, 스페인어, 포르투갈어, 아랍어, 중국어, 한국어)로 진행되고 있으며, 최근에는 아랍어 사역이 연 2배 이상의 결실을 맺고 있다.

한국에서도 FMnC 선교회가 BGEA와 동역하면서 한국 사역을 준비했고, 2019년 5월에 한국어 사역을 시작했다. 앞으로 이 온라인 전도 사역을 통해 많은 사람이 복음을 듣고 그리스도를 영접하는 기회가 되길 바란다.

4. 온라인 전도와 양육 전략: SFJ 사역

보통 노방 전도를 할 때 우리는 누가 하나님 나라와 진리에 관심을 갖고 있는지 알 수 없다. 그러나 온라인에서는 오프라인보다 진리를 찾는 사람을 쉽게 만날 수 있다. 사람들은 인터넷에서 온라인으로 자신의 의문점이나 개인적 필요를 찾아 검색 활동을 한다. 그러므로 인터넷에서 많이 검색하는 단어(검색어)를 찾아 그들의 필요에 다가갈 수 있다. 이처럼 그들이 찾는 검색어를 바탕으로 성경적 조언과 답을 제공함으로써 복음을 제시하는 방법이 온라인 전도 전략이다.

온라인 전도 전략인 **SFJ** 사역은 다음([그림 5-2])과 같이 **4**단계로 구성된 '징검다리' 전략을 사용한다.

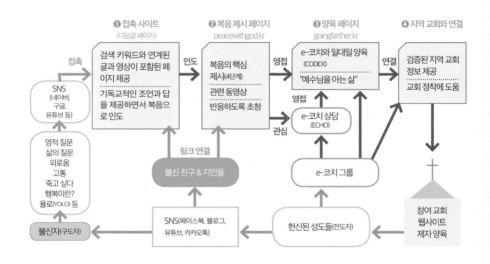

[그림 5-2] SFJ의 4단계 온라인 전도 프로세스

구도자(불신자)가 인터넷상에서 키워드를 검색하면 해당 키워드의 랜딩 페이지로 연결되도록 한다. 이어서 그를 복음 제시 페이지로 연결하고, 그다음 양육 페이지로 연결해 최종적으로는 지역 교회와 연결되도록 한다.

1) 랜딩 페이지(디딤글)

랜딩 페이지는 구도자가 인터넷에서 자신의 문제나 의문점을 검색할 때 검색 결과 창 상단에 노출되도록 만든 것으로 디딤글이라고 부른다. 디딤글에는 구도자의 다양한 필요를 채워 주는 1쪽짜리 글과 함께 연관된 사진이나 카툰이 포함된다. 디딤글에서 다루는 주제는 인간관계, 재정, 실직, 실존의 문제, 영적 문제, 외로움, 사회 문제 등 다양하다. 이런 문제를 갖고 고민하는 구도자의 영적·사회적·정서적 필요를 기독교적 관점으로 채워 준다.

이런 랜딩 페이지가 미국 사이트에는 120개 이상, 한국 사이트에는 28개 정도가 있으며 지속적으로 늘려 나갈 계획이다. 또한 유튜브나 네이버 동영상 사이트에도 짧은 동영상으로 제작된 디딤글 영상을 지속적으로 올릴 예정이다.

디딤글의 예를 하나 들어 보겠다.

[그림 5-3]은 누군가가 구글/네이버에서 '하나님은 계신가요'라는 키워드를 검색했을 때 우리가 제공하는 랜딩 페이지의 모습이다.

하나님은 계신가요?

하나님은 너무 멀리 계신 것 같습니다. 나의 삶에 아무런 관심도 없으신 것 같습니다. 어떨 때는 하나님의 존재조차 의심스럽습니다. 진짜 하나님이 계시다면 증거를 보여 달라고 말하고 싶습니다.

진짜 하나님은 우리의 삶에 관심이 없으신 것일까요? 하지만 생각보다 하나님은 가까이 계십니다. 눈을 들어 하늘을 보세요. 그리고 자연 만물을 보세요. 우주와 자연은 하나님의 존재와 솜씨를 보여주는 큰 극장입니다. 하나님의 살아계심이 보이나요? 그러나 우주를 보고 자연을 보아도 하나님을 알기 힘들죠.

[그림 5-3] 디딤글의 예

구도자가 구글이나 네이버 등에서 '하나님', '평안' 키워드를 검색했을 때 우리는 포털 업체에게 이 키워드에 입찰가를 배정함으로써 위의 디딤글을 소개하는 광고 문장을 검색 결과 창 상단에 노출시키는 것이다. 구도자가 이 광고 문장을 클릭해 들어가면 앞서 나온 디딤글 페이지에 연결되고 곧바로 복음 내용으로 연결된다. 그리고 우리는 구도자가 우리 디딤글을 클릭하고 들어왔을 때만 입찰가에 해당하는 비용을 지불(PPC 방식)한다.

이 사역에서는 구도자들이 많이 검색할 키워드를 찾아내는 것과 구도자들의 마음에 다가가도록 공감할 수 있는 내용으로 디딤글을 작성하는 것이 매우 중요하다. 본 사역에서는 이를 위해 디딤글 작가 그룹을 자원자로 신청 받아 동역하고 있다.

구도자에게 디딤글을 노출시키는 다른 방법으로 블로그나 페이스북, 인스타그램, 카카오톡 등 SNS를 이용하는 방법이 있다. 각 SNS에 짧은 디딤글을 올려놓고, 그리스도인이 해당 글의 URL 주소를 지인 SNS로 전달하거나 자신의 계정에 공유함으로써 구도자들이 복음의 소식을 듣게 할 수 있다. 또한 교회 홈페이지에 URL과 배너를 올려 방문자들에게 온라인으로 복음을 전하고 홍보도 할 수 있다.

2) 복음 제시 사이트(https://peacewithgod.kr)

이 사이트는 간단한 복음과 관련 동영상을 제공해 구도자가 예수님을 영접하도록 돕는다. 복음의 메시지는 4단계로 구성되어 있으며, 각 단계에는 해당 내용에 도움이 되는 동영상이 함께 게시된다. 마지막 부분에는 영접 기도문이 들어 있는데 "예, 기도했습니다" "아니요, 그러나 질문이 있습니다" "카톡 상담하기" 등 3개 버튼을 제공해 결신하거나 상담 요청을 할 수 있다. 방문자가 결신하면 e-코치가 배정되어 신앙적 가이드를 해주고, 질문이나 상담을 요청해 오면 e-코치가 배정되어 구도자와 상담을 진행하면서 복음으로 인도하게 된다.

그리스도인이 관계 전도를 할 경우에는 SNS를 통해 이 링크를 전달하여 복음을 전할 수 있다. 또한 삶의 현장에서 스마트폰으로 구도자에게 이 사이트를 보여 주면서 복음을 나눌 수도 있다. [그림 5-4]는 이 사이트의 앞부분이다.

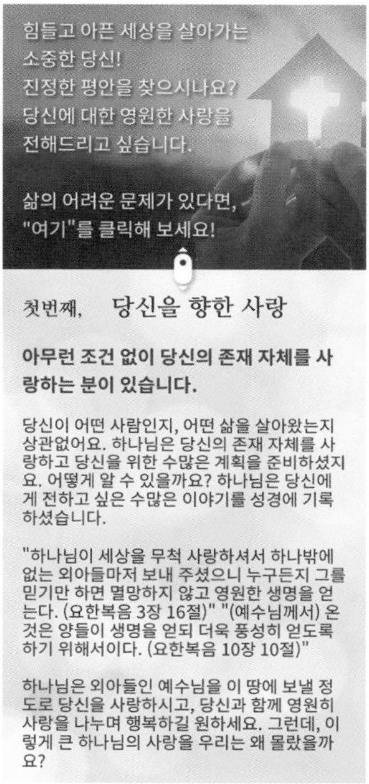

힘들고 아픈 세상을 살아가는 소중한 당신! 진정한 평안을 찾으시나요? 당신에 대한 영원한 사랑을 전해드리고 싶습니다.

삶의 어려운 문제가 있다면, "여기"를 클릭해 보세요!

첫번째,   당신을 향한 사랑

아무런 조건 없이 당신의 존재 자체를 사랑하는 분이 있습니다.

당신이 어떤 사람인지, 어떤 삶을 살아왔는지 상관없어요. 하나님은 당신의 존재 자체를 사랑하고 당신을 위한 수많은 계획을 준비하셨지요. 어떻게 알 수 있을까요? 하나님은 당신에게 전하고 싶은 수많은 이야기를 성경에 기록하셨습니다.

"하나님이 세상을 무척 사랑하셔서 하나밖에 없는 외아들마저 보내 주셨으니 누구든지 그를 믿기만 하면 멸망하지 않고 영원한 생명을 얻는다. (요한복음 3장 16절)" "(예수님께서) 온 것은 양들이 생명을 얻되 더욱 풍성히 얻도록 하기 위해서이다. (요한복음 10장 10절)"

하나님은 외아들인 예수님을 이 땅에 보낼 정도로 당신을 사랑하시고, 당신과 함께 영원히 사랑을 나누며 행복하길 원하세요. 그런데, 이렇게 큰 하나님의 사랑을 우리는 왜 몰랐을까요?

[그림 5-4] 복음 제시 사이트 앞부분: 1단계

3) 양육 사이트(https://goingfarther.kr)

복음 제시 사이트에서 예수님을 영접한 결신자에게는 메일로 환영의 메시지를 보내게 되는데, 이때 양육 페이지를 소개하고 '온라인 성경 교사'인 e-코치와 연결해 준다. 해당 결신자는 e-코치와 일대일로 기초 성경공부 과정인 '예수님을 아는 삶'(5과)을 통해 양육을 받거나 셀프 스터디로 '그리스도 안에 사는 삶'(4과) 과정을 공부하게 된다.

이런 과정을 통해 결신자는 예수 그리스도와 그분의 복음에 대해 더 깊이 이해하게 되고 그리스도를 인격적으로 만나는 참된 신자로 자라게 된다. 이 양육 과정에서 e-코치의 역할이 중요한데, e-코치의 영혼을 사랑하는 마음과 신앙적 성숙함은 결신자를 바르게 양육하는 데 중요한 역할을 한다. [그림 5-5]는 양육 사이트 페이지로, 오른쪽의 '예수님을 아는 삶'은 e-코치와 함께 진행하는 CODEX라 불리는 양육 플랫폼으로 연결된다.

[그림 5-5] 양육과 지역 교회 연결 사이트

4) 지역 교회 연결 사이트

온라인에서 e-코치와 연결되어 정해진 기간 양육을 받은 결신자는 반드시 지역 교회와 연결되어야 한다. 지역 교회는 계속해서 그리스도의 생명을 공급해 주는 그리스도의 몸이다. 성도는 그리스도의 몸에 속하여 그리스도의 지체가 될 때 머리 되신 그리스도와 지체인 다른 성도들과의 연합을 통해 성장해 나가게 된다(엡 4:16).

여러 지역 교회 가운데서 본 사역에 동역하는 교회를 '참여 교회'라고 부른다. 참여 교회는 이 사역을 이해하고 동일한 신앙고백을 하며 건전한 교단 소속이어야 한다. [그림 5-5]에 보면 상단에 결신자를 지역 교회와 연결시켜 주는 메뉴가 있다. 결신자가 '지역 교회 검색' 메뉴를 누르고 거주 지역을 선택하면 참여 교회로 등록된 교회 정보와 지도가 보인다. 많은 건강한 교회가 참여 교회로 등록하기를 바란다.
등록은 '사역 참여' 메뉴를 클릭한 뒤 '참여 교회 등록하기'를 클릭하
면 된다(115쪽, '6. SFJ 사역 참여 방법' 참조).

5. e-코치의 역할과 자격

1) e-코치란?

e-코치는 SFJ 사이트를 통해 연결된 구도자들의 다양한 영적·개인
적 질문을 일대일로 경청하고, 그들이 자신의 질문에 대한 해답을 찾
도록 인도하며, 예수 그리스도를 개인적으로 영접하도록 도와주고, 그
들을 위해 기도해 주는 영적 교사(가이드)를 말한다.

2) e-코치가 하는 일

SFJ의 e-코치는 제자 훈련(discipleship) 코치와 상담(chat) 코치로 나
뉜다. 제자 훈련 코치는 구도자가 예수님을 영접하고 나서 기초 성경
공부 과정인 '예수님을 아는 삶'(Know Jesus)을 신청했을 때 온라인을
통해 양육하는 사람이다. 이 성경공부는 CODEX라고 불리는 양육 플랫
폼을 통해 진행되는데, 5과로 구성된 성경공부 내용을 가지고 온라인
에서 댓글 형식으로 대화를 나누며 진행하도록 되어 있다.

상담 코치는 ECHO 상담 플랫폼을 사용하여 다양한 채널을 통해 질
문한 구도자를 상담해 주면서 그들의 마음에 공감하고 그리스도를 만
나도록 도와주는 사람이다.

온라인상으로 연결된 구도자는 다양한 질문을 던진다. 그들의 질문은 영적인 것뿐 아니라 삶의 전반에 걸친 내용을 담고 있다. 이런 질문을 갖고 상담하려면 e-코치에게 영적 성숙함과 지혜가 필요하다. e-코치 한 사람이 이 모든 질문에 답할 수 없으므로 상담 시스템에서는 구도자의 난해한 질문에 대한 답과 조언을 다른 e-코치에게 문의하여 비슷한 질문에 대한 경험을 가진 다른 e-코치의 도움을 받거나 상담을 이관할 수 있다.

3) e-코치의 자격과 훈련

e-코치는 영적·정서적으로 성숙한 사람을 선발하는 것을 원칙으로 한다. e-코치에게는 각별히 다른 e-코치와 협력하는 협동심과 겸손함, 섬김의 마음이 요구된다. 특히 e-코치 지원자가 자신의 교회에서 봉사에 참여하는 정도가 e-코치의 성숙도와 비례하는 경우가 많다.

또한 e-코치는 개인적으로 하나님과의 관계를 돈독히 하는 경건 훈련이 되어 있어야 한다. 개인의 삶에서 기도와 말씀 묵상의 훈련이 된 사람은 구도자를 그리스도께로 인도하는 과정에서 겪는 어려움을 극복할 수 있다. 기도와 말씀 묵상을 통한 하나님과의 지속적인 교제가 없다면 e-코치 사역은 의무감만 남게 되고, 결국에는 지치고 탈진할 수밖에 없다.

본 사역에서는 e-코치의 선발과 훈련, 돌봄을 위해 e-코치 코디네이터를 두어 e-코치 사역이 잘 이루어지도록 하고 있다. 또한 e-코치는 SFJ 사역팀이 제공하는 초기 훈련과 지속적인 훈련에 적극적으로 참여해야 한다. 지속적인 훈련을 받지 않으면 잃어버린 영혼을 향한 마음이 식고 피로감이 쌓이게 마련이다. e-코치는 날마다 성령님으로부터 하나님 나라와 의를 위해 기쁨으로 사역하고자 하는 마음을 받아 사역하는 것이 중요하다.

6. SFJ 사역 참여 방법

SFJ 사역에서는 사역을 소개하는 사이트(https://searchforjesus.kr)를 운영하고 있는데, [그림 5-6]처럼 상단 버튼에서 '사역 참여' 메뉴를 클릭하면 사역에 참여할 수 있는 다양한 방법을 안내하고 있다.

1) '참여 교회'로 사역 참여

온라인에서 예수님을 영접하기로 한 새 결신자는 지역 교회와 연결되어 공동체 안에서 자라야 한다. 이 사역은 지역 교회의 참여 신청을 받아 이단성 여부를 검증한 뒤 사이트 내의 '지역 교회 검색' 안에 등록한다. 결신자가 거주하는 지역의 교회를 검색했을 때 해당 교회에 대한 소개가 나오도록

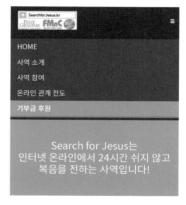

[그림 5-6] SFJ 사역을 소개하는 https://Searchforjesus.kr 사이트 첫 화면

하는 것이다. 교회를 '참여 교회'로 등록하면 본 사역을 통해 결신한 새 신자가 해당 교회와 연결되어 교회 부흥에도 도움이 된다. 온라인 전도 시대를 맞이하여 많은 교회가 이 사역에 동참하기를 요청한다.

2) 'e-코치'로서 사역 참여

e-코치는 온라인을 통해 구도자가 그리스도를 찾아가는 영적 여정에서 귀한 안내자 역할을 한다. 새 신자를 케어해 본 적이 있거나 상담에 은사가 있는 성도들은 e-코치 신청 메뉴를 통해 본인 소개 자료를 작성해 신청하면 된다. 성도들의 적극적인 참여가 있길 바란다.

3) '디딤글 작가'로 사역 참여

디딤글은 구도자의 마음을 움직이는 중요한 역할을 한다. 디딤글 작가는 불신 구도자의 입장에서 그들의 마음을 이해하며 감동을 줄 수 있는 디딤글과 그림(사진), 동영상을 제작해 웹사이트와 SNS에 올리는 사역을 하게 된다. 이 사역에는 글쓰기와 그림(카툰) 그리기, 사진 촬영, 동영상 제작 등에 재능과 관심을 가진 성도들의 참여가 필요하다.

4) '중보기도자'로 사역 참여

인터넷 전도 사역은 온라인상에서 벌어지는 영적 전쟁이다. 그러므로 귀한 영혼을 하나님의 나라로 인도할 때 성도들의 중보기도가 절대적으로 중요하다. 중보기도자는 개인의 기도 시간과 매월 중보기도회에 참석하여 본 사역과 방문 구도자들을 위해 기도한다.

5) 후원금으로 사역 참여

이 사역을 위해서는 온라인 마케팅이 필요하다. 홍보비로 1만 원을 사용하면 30-50명의 사람에게 실질적으로 복음이 전달된다. 재정적 후원으로 소중한 영혼을 살리는 일에 참여할 수도 있다. 개인은 5,000원부터 5만 원까지, 교회나 회사는 2만 원부터 30만 원까지 후원할 수 있으며, 체리(Cherry) 플랫폼 앱을 통해서도 후원금 사역에 동참할 수 있다.

7. 적용 기술

SFJ 온라인 전도 사역 시스템에는 다음 네 가지 핵심 기술이 적용되었다.

첫 번째, 사람들이 온라인에서 특정 단어나 키워드를 검색할 때 해당 키워드(단어)를 랜딩 페이지에 연결하는 '검색 광고 기술'이다. 이것은 검색 엔진을 제공하는 인터넷 회사가 제공하는 것으로, PPC(Pay Per Click) 방식으로 운영된다. 즉 사람들이 검색창에 키워드를 입력하고 검색하면 우리의 랜딩 페이지를 검색창 상단에 노출시키고, 검색자가 클릭해서 페이지에 들어오면 비용을 지불하는 방식이다. 클릭 한 번에 200-300원 정도를 지불하고 있다.

두 번째, 미국 빌리그레이엄협회(BGEA)가 만든 'SFJ 사역 플랫폼'이다. 이것은 앞서 설명했듯 구도자를 교회에 연결시키기 위해 4단계로 구성된 온라인 사역 플랫폼이다. 랜딩 페이지, 복음 제시 페이지, 양육 페이지, 교회 연결 페이지가 하나의 플랫폼으로 연결되어 본 사역을 원활하게 수행할 수 있도록 해준다. 이 플랫폼은 여러 언어로 구축할 수 있으며, 한국도 이 플랫폼을 한국어로 번역하고 연결하는 작업을 마쳤다.

세 번째, 본 사이트를 통해 결신한 사람이 e-코치와 연결되어 온라인으로 기초 성경공부를 진행하도록 돕는 'CODEX 플랫폼'이다. 본 사이트에 방문한 사람이 결신하게 되면 7주에 걸쳐 매주 e-메일로 격려와 간단한 신앙 정보를 제공한다. 그리고 가능하면 e-코치와 5과로 구성된 성경공부를 진행하도록 추천한다. 결신자가 이를 수락하면 CODEX 플랫폼에 계정을 만들도록 하고, 이어서 e-코치와 28일 이내에 성경공부를 진행하도록 한다.

네 번째, e-코치들이 질문자와 상담하도록 돕는 '상담 플랫폼'이다. 이것 역시 BGEA가 제공하는 별도의 온라인 상담 플랫폼인 ECHO 시스템을 사용하여 상담을 진행하게 된다. 여러 채널을 통해 들어오는 방문자들의 질문이 이 상담 시스템으로 모아지고, e-코치들이 들어가서 각 질문자를 개인 상담자로 선택한 후에 개인 상담이 진행되도록 돕는다.

8. 발전 방향

앞으로 SFJ 온라인 전도 사역을 두 가지 방향으로 확장하려고 한다.

첫 번째는 각 교회가 온라인 전도 플랫폼을 만들도록 도와주고, 해당 플랫폼과 SFJ 사역 사이트를 연계하여 더 많은 방문자가 찾아오도록 만드는 것이다. 개교회가 온라인 전도 플랫폼을 만드는 것에는 두 가지 안이 있다. 하나는 각 교회가 카카오 채널을 개설하여 그곳에 자신들이 작성한 디딤글과 교회 소개 자료를 올리고, 교인들에게 이 채널 URL을 지인들에게 전달해 전도하도록 홍보하는 것이다. 다른 하나는 각 교회가 페이스북의 페이지를 개설하고, 교회 주변 1-2킬로미터 이내의 페이스북 이용자들을 타깃으로 디딤글을 홍보(비용 지불)해 주변 불신자들을 전도하는 것이다.

이를 위해 각 교회가 이 두 가지 방안을 하나의 플랫폼처럼 운영하는 방법을 익히도록 교육해 주고, 복음 제시가 필요한 경우(또는 디딤글을 활용하고 싶은 경우) SFJ 사역 사이트를 연계하도록 하는 것이다. 이를 통해 각 교회는 온라인 전도를 할 수 있게 되고, SFJ 사역은 전도 콘텐츠 제공과 연계 사역을 통해 방문자를 늘릴 수 있게 된다.

두 번째는 SFJ 사역 플랫폼을 선교로 확장하는 것이다. 선교 대상국의 선교사팀이나 사역팀이 SFJ 사역 플랫폼을 해당국(특히 동남아/중앙아시아/중동 등) 언어로 번역해 운영할 수 있도록 도와줌으로써 선교를 확장하는 것이다. 이미 몇몇 국가(언어)에서 동역하기를 원해 SFJ 사역을 경험한 우리가 이들을 도와 온라인 선교가 여러 나라에 확장되도록 도움을 줄 예정이다.

9. 선교적 사용법

SFJ 온라인 전도 사역은 인터넷에서 온라인으로 자신의 개인적 필요를 찾아 검색하는 불신자들에게·복음 전파를 목적으로 한다. 이 사역은 불신자들이 많이 검색하는 검색어에 적합한 성경적 조언을 제공하여 복음으로 연결시키는 키워드 마케팅 전략을 사용한다.

1) 웹에서의 마케팅

구도자가 구글이나 네이버에서 관심 있는 키워드를 검색했을 때, 검색 결과를 상단에 노출시켜야 방문할 가능성이 높아진다. 이를 위해서는 두 가지 방법이 있다.

첫 번째는 구도자가 찾는 키워드와 연계된 디딤글 사이트의 트래픽을 높여 그 사이트가 검색창의 상단에 노출되도록 하는 방법이다. 사이트의 트래픽을 높이려면 사람들이 그 사이트를 많이 찾도록 좋은 콘텐츠를 담고 있어야 하고, 동역자들이 해당 사이트를 자주 방문해야 한다. 검색 포털은 어떤 온라인 페이지의 트래픽이 많으면 검색했을 때 해당 페이지를 상단에 노출시켜 준다.

두 번째는 포털 업체에 광고료를 지불하고 키워드를 구매해 검색 결과 시 상단에 노출되도록 하는 것이다. 구도자가 이 노출된 글을 읽고 클릭해 들어가면 비용을 지불하는 방식이다. 그러면 방문자에게 해당 디딤글이 보이고, 이어서 복음 제시 내용으로 연결된다.

2) SNS와 유튜브를 이용한 마케팅

요즘 많은 사람이 페이스북, 인스타그램, 카카오톡, 블로그 등 SNS와 유튜브를 이용하는데 우리도 이것을 선교에 선하게 사용하고 있다. 각 SNS에 SFJ 사역 계정을 개설하고, 이곳에 짧은 디딤글과 사진을 올려 방문자들에게 노출시키는 것이다.

본 SFJ 사역의 각 SNS URL 주소는 다음과 같다.
- 페이스북: peacewithgod.kr
- 인스타그램: peacewithgod_kr
- 카카오 채널: PeacewithGod.kr
- 네이버 블로그: searchforjesus
- 유튜브: peacewithgod.kr

이 중에서 페이스북 페이지는 전달 타깃을 설정하고 홍보비를 지불함으로써 많은 사람에게 전달되도록 하는 전략을 사용하고 있다.

3) 성도가 지인에게 URL 전달하기

지금은 예전처럼 종이 전도지를 만들어 길거리에서 나눠 주거나 지인들에게 전달하는 것이 거의 효과가 없다. 전도에 관심을 가진 성도들이 앞서 언급한 각 채널의 디딤글 URL 주소를 간단한 설명과 함께 지인들에게 온라인으로 전달하는 것이 가장 효과적인 전도 방법이다. "당신에게 도움이 될 것 같은 글이 있어서 전해 드려요. 한번 방문해 보시고 나중에 의견을 나누면 좋겠어요"라는 문구와 함께 디딤글 URL을 SNS나 카카오톡, e-메일 등으로 지인들에게 전달하는 것이다.

또한 개인 블로그나 SNS 계정을 운영하는 성도들은 자신의 계정에 SFJ 계정을 공유하거나 태그로 걸어 두면 해당 단어를 검색하는 사람에게 우리 사이트가 노출되어 디딤글로 들어오게 된다. 인터넷 세상을 살아가는 많은 그리스도인이 이런 작은 동참을 통해 이웃에게 복음을 전할 수 있길 바란다.

10. 선교적 사례와 결과

빌리그래함전도협회가 2011년부터 시작해 10년간 운영한 SFJ 온라인 전도 사이트를 방문한 사람은 약 8,983만 명이고, 이를 통해 예수님을 영접한 숫자는 1,604만 명이며, e-코치와 연결되어 양육된 사람은 약 256만 명이다.

한국에서도 FMnC 선교회가 BGEA와 함께 SFJ 한국 사역을 2019년 5월에 시작해 2020년 말 총 6만 6,627명이 방문했고, 이 중에서 3,447명이 예수님을 영접하는 결실을 보았다.

SFJ 사역은 인터넷을 이용해 구도자(불신자)에게 다가가는 새로운 전도 전략이다. 이 사역은 이 시대의 흐름과 하나님의 부르심에 부응하는 중요한 전도 사역이 될 것이다. 또한 다가가기 어려웠던 사람들에게도 온라인으로 그리스도의 복음을 전달하는 통로가 되고 있다. 이 인터넷 온라인 전도 사역에 성도들의 동참과 협력을 간절히 부탁드린다. 이것은 온라인 시대에 주님의 전도 명령에 부응하는 순종의 길이 될 것이다.

하나님은 이 시대에 복음을 전달할 통로를

인터넷이라는 기술을 통해 준비하셨다.

SFJ는 구도자가 찾는 키워드로 복음을 전할 수 있는

징검다리다.

Online Mission

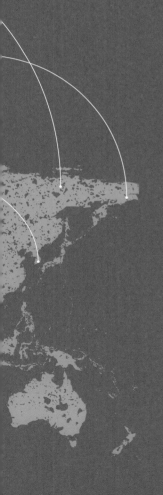

Part 3.

온/오프라인
연계 선교
솔루션

Chapter 6.

비전트립 앱:
언어를 몰라도 복음을 전한다!

김태형(선교사, 스마트 선교 개발)

1. 서론

필자는 중·고등부 담당 부목사로 청소년 사역을 해 왔다. 2008년 고등부 학생 30여 명을 인솔해 미얀마로 비전트립을 갔다. 찬양, CCD, 태권도, 연극 등 다양한 공연과 레크리에이션, 미술 활동, 페이스페인팅 등 여러 활동을 준비했다. 그러나 가장 큰 문제는 바로 '언어'였다. 인터넷으로 찾은 자료가 있긴 했지만, 글로 말을 배워야 하는 상황이었다. 예전에도 같은 방법으로 준비해 선교지에 갔었지만, 현지 사람들은 우리의 말을 알아듣지 못했다. 한글로 표기하기 힘든 발음도 많고 한국어에 없는 성조까지 있어 한글로 독음을 표기한 자료를 가지고 연습했지만 현지 사람들은 우리가 하는 말을 알아듣지 못했다.

그래서 현지에 계신 선교사님에게 필요한 말과 현지 노래를 녹음해 보내 달라고 부탁드렸지만 이번에는 아이들에게 파일을 전달해 주는 것이 쉽지 않았다. 당시 안드로이드 개발에 대해 배우고 공부하고 있어서 선교사님에게 받은 현지 언어 파일을 담은 안드로이드 앱을 만들게 되었다.

이것이 비전트립 앱의 초기 모델이다. 비전트립에 필요한 기본적인 언어와 복음의 기초적 내용, 선교사님이 현지어로 기타 치며 불러 준 노래를 앱 안에 담고 버튼을 누르면 해당 파일이 재생되는 단순한 앱이다. 우리는 이 앱을 통해 언어 훈련을 한 뒤 비전트립을 갔는데, 다행히 현지인들을 만나 앱을 통해 간단한 대화가 가능하게 됐다. 우리는 미얀마어를 모르지만, 미얀마 사람들에게 미얀마어로 복음을 들려줄 수 있었고, 성공적으로 비전트립을 마칠 수 있었다.

그후 구글 마켓에 올라가 있는 비전트립 앱을 보고 비전트립을 갔을 때 여러모로 도움을 받았다는 연락을 많이 받았다. 이를 계기로 가능성을 발견하게 되었다. 우리는 현지어를 잘 모름에도 불구하고 그들의 언어로 복음을 들려줄 수 있었고, 그것을 듣고 결신한 사람이 생겼기 때문이다.

2. 새로운 비전트립 앱의 개발

이렇게 개발된 비전트립 앱은 FMnC 선교회를 만나 새롭게 태어났다. 지속적으로 스마트 선교를 감당해 온 FMnC 선교회의 전문적인 선교사님들이 다시 앱을 기획하고 전략을 수립하고 여러 나라의 언어 데이터를 수집해 한국의 비전트립을 위한 앱으로 다시 개발했다. 제대로 개발하기 위해 이포넷(E4Net)의 이수정 대표를 비롯한 많은 사람이 자원해 모금을 벌이고, 여러 언어로 개발될 수 있도록 교회의 후원도 받아 오늘날과 같은 모습을 갖추게 되었다.

3. 비전트립 앱의 기능 소개

비전트립 앱은 스마트폰만 있으면 복음을 전할 수 있는 모바일 애플리케이션이다. 한국에서 한 해에 1만여 개 팀이 해외 비전트립을 떠난다고 한다. 비전트립 사역은 대부분 공연과 봉사활동 등으

[그림 6-1] 초기 비전트립 앱

128

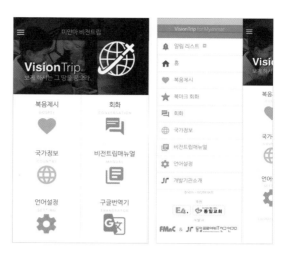

[그림 6-2] 비전트립 앱

로 구성된다. 언어의 갭으로 현지인과의 의사소통이 어렵다 보니 다른 방법으로 복음을 전하려는 것이다. 바로 비전트립의 솔루션이다. 비전트립 앱이 있으면 현지어로 복음을 전할 수 있다. 자신들의 언어로 복음을 들을 때 현지인들은 빨리 반응하고 결심하게 된다. 이처럼 비전트립 앱은 시간적으로 촉박한 비전트립 사역에 필요한 기능을 담고 있다. 기본적인 기능은 다음과 같다.

1) 비전트립 앱 설치

우선 앱을 설치해야 한다. 구글 플레이와 애플 앱스토어에서 '비전트립'으로 검색하여 바로 설치할 수 있다. 우측에 있는 QR 코드를 스캔하면 앱 설치 화면으로 연결된다.

[그림 6-3] 앱 설치 링크

2) 복음 제시

비전트립 앱의 가장 중요하고 핵심적인 부분이다. 이를 통해 현지어로 복음을 들려줄 수 있다. 해당 내용은 4단계와 12단계로 구분되어 있다. 12단계를 기본으로 하고 있지만 상황이 여의치 않아 시간이 부족하면 4단계로 짧게 들려줄 수도 있다.

각 단계 화면에서 왼쪽으로 스와이프하거나, 하단의 버튼 바에서 [다음] 버튼으로 넘어갈 수 있다. 플레이 버튼을 통해 복음을 들려주다가 일시 정지할 수도 있고, 필요하면 소리가 나지 않도록 할 수도 있다. 마지막 페이지에는 영접 기도문이 있다. 복음을 듣고 영접하겠다고 결심하면 영접 기도문을 따라 읽으면 되는데, 재생/일시정지 버튼을 통해 한 문장씩 듣고 따라 하도록 하면 된다.

[그림 6-4] 복음 제시 플레이 버튼 바

3) 선교 회화

일반적인 회화 자료는 많지만, 선교에 필요한 회화 자료는 찾기가 쉽지 않다. 그래서 2주 정도 비전트립에 필요한 문장과 단어를 800여 개 모아 녹음했다. 선교 회화, 선교 단어, 일반 회화, 일반 단어로 구분되어 있고, 각 언어별로 800개 단어나 문장을 녹음하고 저장하여 앱에 탑재했다. '예수님 믿으세요', '기도해 줄게요', '예수님은 당신을 사랑하십니

[그림 6-5] 복음 제시 12단계

다' 등 선교에 필요한 회화가 들어 있으며, 버튼만 누르면 바로 재생된다. 비전트립을 가기 전 국내에서 훈련할 때나 해당 언어를 연습할 때 도움이 되도록 한국어 독음을 모두 적어 두었다. 한글 독음이 정확하지는 않지만 들으면서 따라 할 수 있어 해당 문장과 단어를 익히는 데 매우 효과적이다.

북마크 기능도 있다. 각 문장과 단어 오른쪽에는 별 모양의 아이콘이 있다. 아이콘을 클릭하면 북마크로 등록된다. 북마크로 등록된 문장이나 단어는 [북마크 회화] 메뉴를 통해 바로 접근

[그림 6-6] 선교 회화 화면

할 수 있으며, 순서도 원하는 대로 변경할 수 있다. 훈련할 때 자주 사용하게 될 중요한 문장을 북마크로 등록할 수 있고, 각자의 상황에 따라 현지 사람들을 만났을 때 나눌 문장 등을 미리 북마크로 등록해 놓을 수도 있다.

4) 국가 정보

비전트립을 가는 나라에 대한 기본적인 국가 정보를 제공하고 있다. 지역 정보, 기본적인 역사, 사회와 문화, 정부와 정치적 상황, 경제 등 중요한 정보를 담아 놓았다. 지금은 일반적인 정보만 제공하고 있지만, 선교 측면에서 필요하고 중요한 정보를 제공할 계획이다.

[그림 6-7] 국가 정보 화면

5) 비전트립 매뉴얼

비전트립을 가기 위해 준비해야 할 필수 사항을 점검해 보도록 비전트립 매뉴얼을 제공한다. 해외 비전트립의 경험이 부족한 경우 무엇을 어디서부터 어떻게 준비해야 할지 막막할 수밖에 없다. 그래서 비전트립이 어떤 사역이고, 어떻게 팀을 조직하고 예산과 사역을 준비할지에 대한 가이드를 제공하고 있다. 그리고 사역 자료를 공유하기 위해 비전트립 앱 홈페이지를 개설해 놓았다. http://visiontrip.app 홈페이지를 통해 비전트립 앱에 대한 소개와 비전트립 사역 자료들을 나눌 수 있다.

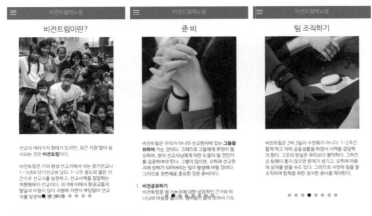

[그림 6-8] 비전트랩 매뉴얼 화면

6) 언어 설정

비전트립 앱에서는 현재 아랍어, 중국어, 러시아어 등 40개 언어를 개발해 지원한다. 공용어를 사용하는 나라들도 있어 앱을 활용할 수 있는 나라는 100여 개국이다([표 6-1] 참조).

[그림 6-9] 언어 설정 화면

각 언어는 원하는 언어팩 데이터를 한 번만 다운로드하면 스마트폰에 저장되기 때문에 인터넷 연결이 되어 있지 않아도 사용할 때 문제가 없다. 각 언어는 전문 번역가가 번역하고, 현지인을 섭외해 녹음실에서 녹음한 뒤 파일들을 다시 문장별로 파일링하는 작업을 거쳐 만들어졌다.

또 하나의 언어 설정은 사용자 언어 설정 기능이다. 앞서 열거한 언어들은 대상 국가의 언어다. 사용자 언어는 한국어와 영어, 중국어로 설정이 가능하다. 한국어를 설정하면 한국에서 40개의 언어 대상을 찾아갈 때 사용할 수 있다. 영어를 설정하면 앱에 있는 대부분의 언어가 영어로 변경되어 영어를 사용하는 국가에서 40개의 언어 대상을 찾아갈 때 사용할 수 있다.

최근 중국어권에서의 단기 선교가 늘어나면서 중국어도 지원하고 있다. 비전트립 앱은 한국에서 선교지를 갈 때뿐 아니라 전 세계에서 사용 가능한 애플리케이션으로 발전하고 있다. 실제 비전트립 앱의 사용 빈도는 한국과 미국이 비슷하다. 미국에 있는 교회에서 비전트립을 갈 때도 많이 사용되고 있다.

언어	사용 국가	언어	사용 국가
광둥어	중국 남부 광둥성 지역	우즈베크어	우즈베키스탄
네팔어	네팔, 인도 시킴 주, 부탄 등	위구르어	중국 북서부 신장 위구르족
다리어	아프가니스탄	이탈리아어	이탈리아
독일어	독일	인도네시아어	인도네시아
라오어	라오스	일본어	일본
러시아어	러시아, 벨라루스, 카자흐스탄, 키르기스스탄, 타지키스탄, 아르메니아, 조지아, 몰도바, 유라시아 연합 등	중국 한어	중국
말레이어	말레이시아	카라칼파크어	카라칼파크스탄 자치 공화국
몽골어	몽골	카작어	카자흐스탄
버마어	미얀마	크메르어	캄보디아
베트남어	베트남	케추아어	페루
벵골어	방글라데시	키르기스어	키르기스스탄
브라질어	브라질	타갈로그어	필리핀
싱할라어	스리랑카	타지크어	중앙아시아 타지키스탄
스와힐리어	탄자니아, 케냐, 우간다, 콩고민주공화국, 르완다, 부룬디, 말라위, 마다가스카르, 소말리아 등	태국어	태국

스페인어	스페인, 멕시코, 아르헨티나, 콜롬비아, 베네수엘라, 에콰도르, 칠레, 페루, 과테말라, 쿠바, 도미니카공화국, 볼리비아, 온두라스, 엘살바도르, 니카라과, 파라과이, 코스타리카, 푸에르토리코, 파나마, 우루과이, 적도기니 등	튀르크어	터키
아랍어	요르단, 시리아, 레바논, 이스라엘, 팔레스타인	텔루구어	인도(안드라프라데시 주, 타밀나두 주)
아이티어	아이티	페르시아어	이란
아제리어	아제르바이잔	포르투갈어	포르투갈, 아프리카 일부 국가
영어	영국, 미국 외 다수	프랑스어	프랑스, 벨기에, 룩셈부르크, 모나코, 스위스, 케냐, 레바논, 콩고민주공화국, 카메룬, 아이티, 마다가스카르, 세네갈, 부르키나파소, 베냉, 말리, 토고, 콩고공화국, 니제르, 차드, 코트디부아르, 중앙아프리카공화국, 부룬디, 지부티, 르완다, 적도기니, 코모로, 바누아투, 세이셸, 가봉, 프랑스령 기아나, 누벨칼레도니, 프랑코포니 등
우르두어	파키스탄, 인도(우타르프라데시 주, 잠무카슈미르 주)	힌디어	인도

[표 6-1] 비전트립 앱 지원 40개 언어

7) 알림

2013년 론칭한 비전트립 앱은 지금까지 꾸준히 다운로드가 이루어지고 있다. 물론 비전트립 앱은 자주 사용하는 앱이 아니며, 비전트립을 많이 가는 여름과 겨울 방학 때 사용자가 많다. 하루 평균 100여 회 실행되고 있으며, 구글과 애플을 합하여 총 4만여 다운로드를 기록하고 있다. 비전트립에 필요한 여러 자료를 제공하고 현지어를 몰라도 복음을 전할 수 있기 때문에 비전트립은 선교에 있어 필수 아이템이 되었다. 특별한 선교 소식과 다양한 정보를 제공하기 위한 알림 기능

[그림 6-10 - 알림 리스트]

이 있는데, 중요한 정보를 알림으로 보내면 모든 사용자에게 알림 메시지로 전송된다. 중요한 정보를 나누고 긴급한 소식도 나눌 수 있다. 이를 통해 사용자들은 단기 선교를 다녀온 뒤에도 지속적으로 선교 정보를 받을 수 있고 동참할 수도 있다.

4. 비전트립 앱 사용법

현장에서의 경험과 여러 상황을 고민하는 과정을 거쳐 어떻게 하면 효과적으로 사용할 수 있는지에 대한 가이드를 제작했다. 무엇보다 큰 장점은 언어 훈련 과정에서 비전트립 앱을 통해 기본적인 언어를 배우

고 익히는 데 집중할 수 있다는 것이다.

비전트립 앱에서는 비전트립을 위한 주차 별 훈련 프로그램을 공유하고 훈련 기간동안 학습할 수 있는 다양한 가이드를 제공한다.

1) 4주, 8주, 12주차 별 훈련 프로그램

[그림 6-11] 주차 별 훈련 프로그램

2) 3단계 사용하기

실제 현장에서 비전트립 앱을 다음과 같이 적용시켜 본다. 훈련 기간에도 비전트립 앱으로 연습을 할 수 있다. 특별히 복음을 제시하고, 상대가 그 복음에 어떻게 반응하느냐에 집중해야 한다.

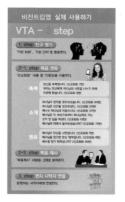

[그림 2-12] VAT 사용하기

5. 선교적 사용법 — 새로운 선교 전략으로써 비전트립 앱

비전트립 앱은 2020년 12월 기준으로 5만 회 정도 다운로드됐다. 아직은 단순한 기능밖에 없지만, 여러 가지 가능성을 추가해 새로운 방향으로 나아가고자 준비하고 있다.

1) 선교적 플랫폼 — 선교 정보 공유 허브

많은 교회가 팀을 구성해 비전트립을 가지만 어느 팀이 어떤 사역을 준비했는지 전혀 공유하지 못하고 있는 실정이다. 예를 들어 한 팀이 미술 활동을 위해 현지에 크레파스 100개를 두고 갔는데, 다음 팀이 다시 크레파스를 사 올 수도 있다. 이처럼 사역이 중복되면 사역 내용도 비슷해진다. 어떤 현지 교회에서는 방학 때마다 한국에서 단기 선교팀이 와서 비슷한 내용의 공연을 보여주는데, 이는 비전트립에 대한 정보를 공유할 공간이 없기 때문이다. 앞으로 비전트립 앱이 그런 공유 공간이 되려고 한다. 단기 선교 때 어디서 어떤 사역을 했는지 남겨놓는다면, 다음 팀이 그것을 참고할 수 있다. 이전에 갔던 팀이 크레파스를 두고 갔다면 스케치북만 준비해 가면 된다. 정보를 공유할 수 있다면 CCD 공연을 같은 곡으로 하지 않을 수 있다. 이전에 다녀간 팀의 사역을 보면서 효과적으로 사역을 준비할 수 있고, 현지 상황을 더욱 구체적으로 알 수도 있다. 비전트립 사역의 내용을 함께 공유하는 비전트립 플랫폼으로써 재탄생을 기대하고 있다.

2) 비전트립을 위한 실시간 정보 제공

비전트립을 가는 현지 상황에 대한 구체적인 정보를 실시간으로 제공하려고 한다. 예를 들어 날씨 정보가 있다면 어느 계절의 옷을 준비해야 할지 알 수 있다. 현지 물가나 경제 상황을 안다면 한국에서 준비해야 할 물건과 현지에서 구입해야 할 물건을 구분할 수 있다. 현지 상황에 대한 실시간 정보는 비전트립을 준비하는 데 있어 매우 유용하게 사용되리라고 기대한다.

3) 더욱 강력한 언어 자료 — 인공지능과 빅데이터 활용

사용자가 필요로 하는 언어 데이터를 직접 업로드하고 다른 사람들과 공유한다면 데이터가 훨씬 풍성해질 것이다. 비전트립의 특성상 일반적인 회화 자료가 아니라 특별한 상황에서의 회화 자료가 필요하다. 개발팀에서 이런 데이터를 모두 제공하기 어렵기 때문에 사용자들이 스스로 자료를 올리고 공유함으로써 비전트립 앱을 더욱 효과적으로 활용하기를 기대한다.

4) 비대면 시대 선교 전략과 선교사와의 소통, 현지 실시간 상황 나눔

코로나19를 경험하면서 많은 부분이 비대면으로 전환되고 있다. 사역과 선교적 측면에서도 비대면을 통한 사역이 개발되어야 한다. 어떻게 해야 비대면으로 선교를 진행할 수 있을까 하는 이슈는 어려운 주제다. 회의나 교육처럼 이미 관계를 맺고 있는 사람들과 비대면으로 인터넷을 통해 만나는 것은 가능하지만, 전혀 모르는 외국인을 비대면으로 만나 복음을 전한다는 것은 거의 불가능한 일처럼 여겨진다. 그러므로 포스트코로나 시대의 사역은 지금의 사역 모습과 많이 달라질 것으로 예상된다.

특히 비전트립은 현저히 줄어들 가능성이 매우 높다. 외국에서 온 선교사 중심의 사역이 아니라 현지 사역자 중심으로 사역이 이루어지고, 선교사들은 비대면으로 현지 사역자들을 교육하고 돕고 자료를 제공하는 등의 역할을 하고, 이런 측면에 초점이 맞춰질 것으로 예상된다. 이때 한국 교회, 성도들과 선교지를 연결하는 사역이 필요하다. 비전트립 앱이 그 다리 역할을 할 수 있기를 기도한다. 현지 사역자들이 현지 소식을 올리고, 한국 성도들은 그 소식들을 통해 선교에 동참하면 좋겠다는 생각이 든다. 인공지능 기술의 발달로 자동 번역이 가능해지면 선교지와 한국 교회 간 소통이 더욱 원활해질 것이다.

앞으로 어떻게 진행될지 아무도 확신할 수 없지만, 분명한 것은 IT 기술을 통한 사역 비중이 더욱 커지고, 온라인을 통한 사역과 만남이 더욱 많아지리라는 점이다. 이런 상황에서 비전트립 앱은 IT를 통한 새로운 선교 사역을 감당하는 복음의 통로로 사용될 것이다.

6. 비전트립의 선교 사례

론칭 이후 비전트립 앱이 현장에서 얼마나 효과적으로 사용되는지 대해 궁금했다. 이곳저곳에서 사용해 본 후에 여러 가지 후기를 전해 주었다. 여기서 몇 가지 사례만 나누려고 한다.

1) LA 포도원교회

비전트립 앱 초기에 있었던 일이다. LA 포도원교회에서 페루로 단기 선교를 가서 3일 동안 세 팀이 선교사 없이 거리 전도를 했다. 현지어를 잘하지 못하는 상황에서 비전트립 앱 하나만 들고 현지인들을 만났다. 그런데 100여 명의 현지인에게 복음을 전하고, 30여 명이 예수님을 영접해 영접 기도문까지 따라 했다. 그중 한 사람은 복음을 듣고 울면서 "교회에 다니다가 지금 바빠서 교회에 못 나가고 있는데, 이렇게 복음을 듣게 되니 마음을 새롭게 하고 다시 교회에 나가야겠어요"라고 고백하기도 했다.

[그림 6-13] 비전트립 앱으로 복음을 전하는 모습

2) 안산온누리교회 M센터

파키스탄으로 단기 선교를 가기 위해 준비하던 장년 중심의 단기 팀 이야기다. 40대 이상의 장년으로 구성된 이 팀은 3개월간 선교를 위해 훈련과 여러 가지 준비를 했다. 한 달 동안 선교 이론에 대한 훈련을 하고, 두 달 동안 매주 토요일은 안산 지역의 거리에서 외국인 노동자들에게 복음을 전하는 훈련을 하기로 했다. 영어를 잘 못하는 장년 15명이 스마트폰을 들고 두 달간 무려 1,357명에게 복음을 전하고, 그

중 480명이 예수님을 영접했다. 이후 교회에 등록하고 세례까지 받은 사람이 23명이나 되었다. 여러 나라 사람을 만났지만 비전트립 앱에서 각종 언어를 지원하기 때문에 빠르게 언어를 변경하여 복음을 들려주었고, 그 복음이 사람들을 변화시켰다.

3) 캄보디아 외국인 노동자

한국에도 외국인 노동자가 많이 유입되고 있다. 한 청년의 말에 따르면 자신이 다니는 회사에 캄보디아 사람들이 노동자로 들어왔는데, 처음에는 그들과 친해지고 싶어도 캄보디아어를 할 줄 몰라서 선뜻 다가가지 못했다고 한다. 그러다가 비전트립 앱을 통해 인사하고, 관계를 맺고, 복음도 전하게 되었다. 그리고 몇 개월 후 캄보디아 친구 2명을 교회로 인도할 수 있었다고 하면서 감사 인사를 해 왔다. 이처럼 비전트립 앱으로 한국에서 일하는 외국인들에게 복음을 전할 수도 있다.

7. 오병이어 같은 비전트립 앱

예수님의 말씀을 듣기 위해 집을 나섰던 무리가 저녁이 되어도 돌아가지 않자 예수님은 제자들에게 먹을거리를 찾도록 하셨다. 군중 가운데서 찾아온 음식은 어린 아이가 내어준 떡 다섯 덩이와 물고기 두 마리가 전부였다. 남자만 5천 명, 여자와 아이를 합하면 2-3만 명 정도가 되었을 텐데, 그 무리 가운데 음식을 준비해 온 사람이 어린 아이 한 명밖에 없었을까? 또한 그 아이는 준비성이 탁월했던 것일까? 아마도 많은 사람이 자신이 먹을 음식을 싸 왔을 것이다. 아이가 내놓은 음식 역시 집에서 엄마가 준비해 준 도시락이었을 것이다. 제자들이 먹을거리를 찾았을 때 사람들은 음식을 나눠 먹어야 한다는 생각에 자신의 것을 내놓지 않았을 것이다. 하지만 그 아이는 내놓았다.

왜 그랬을까? 어린 아이는 이것을 내놓으면 놀라운 기적이 일어날 것이라고 생각했던 걸까? 예수님에 대한 어떤 강한 믿음이 있어 자신의 것을 내놓았을까? 아마도 아직 어린 아이라 계산할 줄 몰라서 생각 없이 내놓았던 것 같다. 제자들이 돌아다니면서 먹을 것이 있으면 내놓으라니까 내놓은 것이다. 어린 아이였기 때문에 '그냥 순종'한 것이다. 어린 아이의 순종을 통해 예수님은 놀라운 기적을 일으키셨다. 거기에 있던 모든 사람이 배불리 먹고도 12바구니가 남았다.

이 기적을 통해 가장 놀랐던 사람은 누구일까? 바로 그 어린 아이였을 것이다. 자신의 음식을 제자들이 가져갈 때 "어, 그건 제가 먹을 거예요. 저도 배고픈데요"라며 졸졸 따라갔을 것이다. 그런데 예수님이 축사하시고 나눠 주기 시작하자 바구니에서 계속해서 음식이 나오는 것이 아닌가! 이를 지켜본 아이는 얼마나 놀랐을까! 그곳에 모인 무리에게 모두 나눠 주고 남은 12바구니를 보면서 자신의 순종을 통해 역사를 일으키신 예수님의 능력에 크게 놀랐을 것이다.

비전트립 앱은 필자에게 오병이어와 같다. 이렇게 많은 사람과 지역에서 사람들에게 복음을 전하는 데 사용될 줄 몰랐다. 그저 중·고등부 아이들을 데리고 비전트립을 가는데 음성 자료를 나누는 게 불편해 만든 단순한 앱이었다. 그러나 오병이어 위에 예수님이 축사하시고 나눠 줄 때 놀라운 역사가 일어난 것처럼 비전트립 앱 위에 예수님이 축사하신 것 같다. 40여 개 언어를 지원하며 100여 개국에서 복음을 전할 수 있는 앱이 된 것이다. 부족한 한 사람과 단순한 기술을 통해서도 하나님이 크신 일을 일으키신다는 사실을 경험했다. 중요한 점은 하나님 말씀에 순종하여 내어 드릴 수 있느냐 하는 것이다. 그분이 축사하시면 수많은 사람을 살리는 오병이어가 된다.

복음은 그 자체로 능력을 갖고 있다. 수류탄을 던지는 사람이 잘 던져야 하는 것이 아니라 수류탄 자체가 폭발력을 갖고 있어 주변 사람들에게 영향을 미치듯 복음을 전하는 사람이 잘해야 하는 것이 아니라 복음 자체가 가진 영향력이 사람들을 변화시킨다. 그러므로 복음을 전하는 것이 무엇보다 중요하다.

IT를 통해 새로운 시대가 열렸다. 모든 산업과 기술뿐 아니라 사람도 IT로 연결되어 가고 있다. 이젠 IT를 통해 가장 중요한 정보인 복음도 흘러가야 한다. 선교 사역에서 가장 중요한 것은 복음을 전하는 일이다. 비전트립 앱은 IT 기술을 통해 언어적 한계를 뛰어넘어 직접 복음을 전할 수 있는 중요한 수단이다.

그런즉 그들이 믿지 아니하는 이를 어찌 부르리요 듣지도 못한 이를 어찌 믿으리요 전파하는 자가 없이 어찌 들으리요 롬 10:14

비전트립 앱의 지속적인 개발과 업그레이드를 위해 개발자와 데이터 매니저, 무엇보다 후원자의 많은 관심과 기도가 필요하다.

비전트립 앱은

IT 기술을 통해 언어적 한계를 뛰어넘어

직접 복음을 전할 수 있는 중요한 수단이다.

Chapter 7

스크래치 코딩 스쿨 :
코딩을 통해 말씀을 배운다

김인환(FMnC 선교회 산호세 간사, Intel)

1. 서론

코로나 팬데믹이 시작되기 전인 2019년까지만 해도 세계적으로 가장 유행한 단어는 '4차 산업혁명'이 아니었을까 싶다. 4차 산업혁명과 함께 등장한 기술들 가운데 사람이 흔히 알고 있는 기술은 빅데이터, 인공지능, 무인자동차일 것이다. 4차 산업혁명에 포함된 몇 가지 기술이 더 있지만 사람들이 흔히 알고 있는 기술은 이 세 가지였을 거라는 생각이 든다. 4차 산업혁명에 포함된 여러 기술의 한 가지 공통점은 그 기술 뒤에 소프트웨어가 있다는 것이다. 또한 소프트웨어 뒤에는 코딩(프로그래밍)이 있다. 빅데이터를 분석하고 미래를 예상하는 것, 인간과 구글 알파고(인공지능)의 바둑 대결, 테슬라 전기자동차의 자율 주행을 가능하게 만든 것이 바로 소프트웨어다. 이런 소프트웨어를 만들어내는 일을 코딩(프로그래밍)이라고 한다.

앞으로 4차 산업혁명은 코딩할 수 있는 인적 자원이 많은 나라가 주도한다는 판단 아래 여기저기서 코딩 열풍이 불고 있다. 영국을 비롯해 유럽연합의 나라들과 미국, 중국, 일본, 한국 등 많은 기술 선진국이 코딩 열풍을 주도하고 있다. 이는 선진국에만 국한되지 않고 기술력이 뒤떨어진 나라들에서도 코딩에 대한 관심이 뜨겁다.

2015년 코딩을 이용한 선교를 알게 되었고, 지금까지 코딩을 이용한 선교를 해 오고 있다. 사용하는 코딩 언어는 스크래치다. 주로 코딩의 입문 단계에서 사용되고 있는 언어로 알려져 있다. 처음 코딩을 접하는 사람을 대상으로 하지만 이 언어의 가능성은 무궁무진하다. 이 글에서 스크래치를 소개하고, 왜 이 언어가 선교지에 필요하고, 어떻게 선교에 접목시킬 것인지에 대해 이야기하고자 한다.

2. 스크래치란?

스크래치는 미국의 유명한 공대인 MIT(매사추세츠공과대학교)에서 다가오는 디지털 시대에 모든 사람이 적응하도록 하기 위해 2003년에 만들어진 코딩 언어다. 사람들의 창의력(creative thinking), 논리력(critical/logical thinking), 협동심(collaboration)을 키워 주기 위해 만들었다고 그 목적을 밝히고 있다. 8-16세 학생을 주 대상으로 만들어졌으나 성인도 많이 사용하고 있다. 궁극적 목적은 코딩을 거부감 없이 접하고, 누구나 손쉽게 코딩을 통해 앞서 언급한 목적을 이루는 것이다. 다른 코딩 언어들과 달리 스크래치는 시각적이며 청각적이다. 코딩 자체도 그래픽한 블록을 조합해 완성하며, 모든 결과물이 시각적으로 표현된다.

스크래치는 DJ가 음악을 믹스할 때 쓰는 테크닉에서 온 것이다. 스크래치로 만든 작품끼리 서로 필요한 부분을 가져다가 믹스해 사용하기가 용이하다는 점을 강조하기 위해 붙여진 이름이다. 'https://scratch.mit.edu'에 들어가면 사람들이 공유하는 스크래치 작품을 접할

[그림 7-1] 스크래치를 이용한 코딩의 예 — 다윗과 골리앗

수 있다. 온라인에서 바로 스크래치로 코딩해 볼 수 있으며, 원하면 본인의 기기에 맞는 오프라인 버전을 설치할 수도 있다.

3. 스크래치와 다른 코딩 언어들의 차이

1) 텍스트 vs 그래픽

기존의 많은 코딩 언어가 텍스트를 입력하는 방식으로 코딩하고 있다면 스크래치는 그래픽 블록을 순서대로 위에서부터 아래로 쌓아 내려가는 방식으로 코딩한다. 위에서 아래로 내려가는 방식은 모든 코딩 언어의 공통점이지만 스크래치의 다른 점은 색으로 구분된 블록을 사용한다는 것이다.

2) 복잡 vs 단순

텍스트 베이스의 언어들이 키보드를 이용해 명령어를 입력하는 방식이므로 사용자가 명령어를 올바르게 입력해야 한다. 반면 스크래치는 명령어가 쓰임새에 따라 색으로 구분되어 팔레트(palette)처럼 진열되어 있어서 드래그-앤-드롭(drag-and-drop)의 형식으로 입력한다.

3) 소수 vs 다수

텍스트 기반의 언어들이 소수만을 위한 것이라면 스크래치는 다수를 위한 언어다. 스크래치는 남녀노소를 불문하고 짧은 시간 안에 배워 활용할 수 있다.

4) 하나의 목적 vs 다수의 목적

텍스트 기반의 언어들을 배우는 궁극적 목표는 소프트웨어 엔지니어가 되기 위해서다. 지금 세상은 디지털 미디어의 홍수 가운데 서 있다. 그런데 이 모든 디지털 미디어를 제어하는 것이 소프트웨어고, 소프트웨어를 만들려면 코딩하는 엔지니어가 필요하다. 스크래치 역시 소프트웨어 엔지니어를 양성하는 데 도움을 주기는 하지만 스크래치는 그에 앞서 코딩을 배움으로써 얻어지는 본질에 초점을 맞추고 있다. 창의적이고 논리적인 사고력 개발에 초점을 맞추고 있는 것이다. 스크래치는 아이들이 자라서 소프트웨어 엔지니어로 살아가도록 하기 위해 만들어진 언어가 아니다. 소프트웨어 엔지니어가 되는 것은 스크래치를 사용함으로써 얻어지는 부산물에 불과하다.

4. 스크래치에 대한 오해

1) 스크래치는 어린 연령만을 위한 것이다

스크래치는 초등학생에게 적합한 코딩이라고 말하는 사람이 있다. 심지어 취학 전 아이들에게 적합하다고 말하는 사람도 있다. 그러나 이렇게 평가하는 대부분의 사람은 스크래치를 제대로 사용해 보지 않아서 이렇게 말하는 것이다. 스크래치로 작품을 만들고 온라인상에서 공유하는 사람과 스크래치로 상상을 뛰어넘는 작품을 지속적으로 만들고 공유하는 사람은 대부분 성인이다.

2) 스크래치로는 제대로 된 코딩 교육이 불가능하다

다른 코딩 언어들에서 배울 수 있는 연산(algorithm)을 스크래치에서도 똑같이 배울 수 있다. 스크래치는 시각적이어서 이해하기가 쉬운데, 배우기 쉽다는 이유로 수준 이하의 코딩으로 여겨져서는 안 된다.

3) 스크래치는 미래의 엔지니어를 위한 것이다

스크래치는 다방면에서 유용하게 사용될 수 있다. 단지 코딩을 배우기 위해 사용하는 언어가 아니라 개인의 창의적인 생각을 논리적으로 그림과 음악을 이용해 하나의 작품으로 완성시켜 주는 언어다. 한 편의 뮤지컬이 무대에 오르기 위해서는 시나리오 작가가 필요하고 배우와 조명 감독, 음악 감독, 전체를 지휘하는 무대 감독이 필요하다. 그런데 스크래치는 이 모든 것을 컴퓨터 한 대와 한 사람으로 가능하게 만들어 준다. 앞서 말했듯 스크래치를 통해 코딩을 배워서 소프트웨어 엔지니어가 되는 것은 스크래치를 사용하는 주된 목적일 수 없다. 텍스트 기반의 코딩 언어들은 접근성에서 떨어진다. 어렵고 재미없고 수학적으로 뛰어난 사람만 배울 수 있다는 인식이 지배적이다. 그래서 코딩이 주는 다양한 장점을 경험하지 못하게 되는 경우가 많다. 스크래치는 코딩이 주는 많은 장점을 더 많은 사람이 경험하도록 접근성을 높인 언어다.

5. 스크래치와 선교

1) 선교지의 교육 환경

대부분의 미전도 종족은 열악한 환경에서 살아가고 있다. 그렇다 보니 교육 환경은 더더욱 열악하다. 정부에서 운영하는 학교가 있는 지역도 있지만 그렇지 못한 지역도 많다. 학교가 있어도 제대로 된 수업을 받을 수 없는 상황인 곳도 있으며, 현실과 동떨어진 수업을 하는 곳도 있다. 많은 선교지에서 아이들을 모아 복음을 전하는 방법으로 방과 후 수업이나 학교를 운영하고 있다. 전 세계적으로 코딩 열풍이 불고 있지만 선교 대상인 나라들에서는 코딩 교육이 거의 이루어지지 못하고 있는 실정이다.

2) 일반적인 코딩 교육의 목적

현재 코딩 교육이 진행되고 있는 선교지에서 이 교육을 하는 것은 여러 목적을 가진다. 그중 하나는 현지인에게 코딩을 가르쳐서 그들이 더 나은 직업을 찾고 더 나은 삶을 살면서 하나님께 감사를 돌리고 하나님의 은혜를 경험하는 것이다. 또한 그들의 경험과 깨달음을 통해 그 지역에서 복음과 은혜가 더 넓게 전파되도록 하는 것이다. 이렇게 되기 위해서는 복음 전달이 선행되거나 병행되어야 한다.

3) 선교지 스크래치 교육과 사용 목적

첫 번째로 스크래치의 시각적이고 청각적인 장점을 복음 전달을 위해 사용할 수 있다. 성경 내용을 바탕으로 한 스크래치 교육을 통해 성경을 처음 접하는 사람들에게 복음을 전할 수 있고, 이미 알고 있는 사람에게는 더 명확히 말씀을 전할 수 있다. 이는 다른 코딩 언어들이 해줄 수 없는 부분이다.

두 번째로 코딩을 배우는 것 외에 본인의 다른 재능을 찾고 개발하는 데 유용하게 사용될 수 있다. 스크래치를 통해 미술이나 음악 재능을 찾을 수 있다.

세 번째로 스크래치를 통해 교육에 필요한 자료를 손쉽게 만들 수 있다. 스크래치를 이용해 교재를 원하는 형식으로 만들어 가르칠 수 있다. 가장 중요한 점은 스크래치는 복음 전달과 코딩 교육을 동시에 할 수 있게 해준다는 점이다.

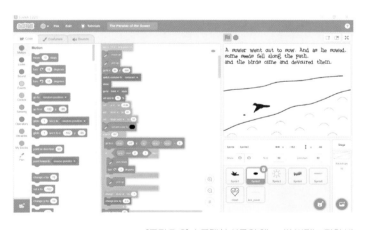

[그림 7-2] 스크래치 사용의 예 — 씨 뿌리는 자와 밭

6. 스크래치와 교회와의 관계

앞서 설명한 것처럼 스크래치는 선교지에서 유용하게 쓰일 수 있다. 여기서 선교지에 스크래치를 소개하고 현지인을 가르쳐 현지 스크래치 교사를 세우고, 또 복음을 담은 스크래치 작품을 선교지에 보급하는 일을 누가 할 것인가 하는 질문이 생길 것이다. 바로 교회가 해야 하는데, 교회 안에 있는 유능한 인적 자원을 활용하면 된다. 그렇다면 교회 내에서 이 사역에 동참할 사람을 어떻게 찾을 것인가에 대해 이야기해 보겠다. 참고로 다음에 나오는 방법은 개인적인 경험을 토대로 한 것으로, 더 좋은 다른 방법을 찾아낼 수 있다.

1) 스크래치 소개

스크래치를 소개하는 가장 좋은 방법은 스크래치의 기초를 가르치는 것이다. 초급반 클래스를 준비하고 성인반과 어린이반을 따로 운영한다. 클래스는 두 시간씩 일주일에 한 번 6주간 진행한다. 어린이반은 초등학교 2학년부터 등록을 받는다. 유치원생이나 1학년 아이도 배울 수 있지만 위로 연령 제한이 없기 때문에 너무 어린 학생이 있으면 수업 수준을 낮춰야 해서 바람직하지 않다. 어린이반은 보통 2학년에서 6학년 아이가 많고, 중·고등부반은 텍스트 기반의 코딩을 배우기 시작한 학생이 많아서 안타깝게도 스크래치를 기피한다. 성인반은 나이 제한이 없다.

초급반 첫날에는 스크래치가 무엇이며, 어떤 것을 만들 수 있으며, 왜 스크래치가 좋은지, 왜 교회에서 스크래치를 가르치는지에 대해 설명한다. 매 수업 처음 15분은 성경 내용으로 만든 스크래치 작품을 예로 보여 주면서 성경 말씀을 전한다. 나머지 시간에는 스크래치에 대한 강의를 한다.

2) 스크래치 교사 양성

여러 선교지에 스크래치를 전하고 지속적인 도움을 제공하는 일은 혼자서 할 수 없다. 그러므로 스크래치 교사를 양성해야 한다. 6주간 초급반을 운영해 보면 누가 교사로서 봉사하고, 누가 작품 만드는 봉사를 할 수 있을지 보인다. 교사로 봉사할 마음이 있거나 단순히 스크래치를 좋아해서 작품을 만들고 싶어 하는 학생을 선발해 중급반을 운영한다. 스크래치가 배우기 쉽고 사용하기 쉬운 언어인 것은 분명하지만 초급반만 듣고 교사로서 봉사하기에는 무리가 따른다. 중급반과 고급반에서는 집중적으로 스크래치와 연산을 가르친다. 중급반과 고급반은 한 달에 한 번씩, 일 년 내내 진행하며 성경 말씀과 관련된 난이도가 있는 작품을 만드는 데 초점을 맞춘다.

3) 스크래치 성경 콘텐츠 개발

스크래치를 통한 선교에 동참할 사람을 모집했으면 성경 콘텐츠를 개발해야 한다. 꼭 코딩을 알아야만 동참할 수 있는 것은 아니다. 개인이 가진 재능으로 다음의 한 부분이나 여러 부분에서 공헌할 수 있다.

① 바이블 스토리 엑스트랙터(Bible Story Extractor)
- 성경에서 표현하고 싶은 내용을 뽑아서 창의적으로 각색함
- 코딩에 대한 사전지식이 없어도 됨

② 그래픽 디자이너(Graphic Designer)

- 각색된 이야기를 구현해 내기 위해 필요한 그래픽을 제공함
- 성경에 대한 이해가 없어도 됨
- 코딩에 대한 사전지식이 없어도 됨

③ 코딩 프로그래머(Programmer, Coder)

- 각색된 이야기와 그래픽을 바탕으로 스크래치 작품 완성
- 텍스트 기반 언어의 경험이 있다면 스크래치 경험이 없어도 단기간 배워서 할 수 있음

4) 스크래치를 통한 선교 실천

스크래치 성경 콘텐츠가 마련되면 주변 교회와 지역사회, 선교지에 가서 스크래치 교육을 통한 선교를 한다. 현재는 2학년에서 7학년 학생이 조교로 봉사하고 있다. 주로 여름방학 기간에 한 곳을 정해 봉사하며 교회에서 진행하는 초급반 그대로 수업을 진행한다. 초급반을 마치고 중급반, 고급반 과정에 있는 교회 학생은 조교로 활동하는 것 외에도 시작과 마침 기도를 돌아가면서 하고, 그날 배울 성경 말씀을 요약해 앞에 나와 발표한다.

현재는 스크래치를 통한 선교를 교회 내의 다른 사역과 분리해 운영하고 있다. 그러나 교회 내의 다른 부서 사역과 접목시켜 운영할 수도 있다. 특히 교육부의 설교에 필요한 보충 자료를 만들 수 있다. 학생들이 이해하기 어렵거나 관심 없어 하는 성경 말씀을 스크래치로 표현해 이해하는 데 도움을 줄 수 있다.

[그림 7-3] 스크래치 사용의 예 — 사도 바울의 1차 전도여행

7. 스크래치의 선교 활용 사례

1) 교회 내 스크래치 코딩 스쿨

2016년부터 교회에서 교사와 조교 양성을 위해 초급반과 중급반, 고급반 수업을 운영하고 있다. 스크래치를 통해 어린 나이에서부터 선교에 동참할 기회를 제공하는 것이 목적이다.

[그림 7-4] 교회 내 스크래치 코딩 스쿨

2) 나바호 스크래치 코딩 스쿨

2015년 미국 애리조나 주의 나바호 원주민에게 스크래치를 가르치게 되었다. 그곳에서 원주민을 대상으로 선교하는 선교사의 스크래치에 대한 관심으로 코로나 팬데믹이 발생하기 전까지 꾸준히 스크래치 코딩 스쿨을 운영했다. 2018년에는 원주민을 대상으로 코딩 교육을 하기 원하는 노던애리조나대학교 교수 부부에게 스크래치를 가르치는 목적과 방법을 전수해 주기도 했다.

3) 선교사 자녀 대상으로 스크래치 소개

2017년 중앙아시아에 있는 'ㅌ'국을 방문하여 선교사 자녀에게 스크래치를 소개했다. 또한 2019년에는 모로코를 방문해 현지 교회 학생들과 선교사들에게 스크래치를 통한 복음 전달 방법을 알려주었다.

4) 산호세 소수민족 교회의 스크래치 코딩 스쿨

2018년 미국 산호세에 있는 소수민족 교회 가운데 하나인 캄보디아 교회에서 스크래치 코딩 스쿨을 진행했다. 소수민족 교회의 부흥에 도움이 되고, 코딩 스쿨을 통한 복음 전달이 주된 목적이었다. 출석하는 교회의 초·중등부 학생들이 조교로 참여하여 시작 기도와 마침 기도, 그날 배울 성경 이야기에 대해 설명했다. 그리고 중·고등부를 담당하는 두 명의 목사님이 번갈아 가면서 수업 시작 전에 말씀을 전했다. 조교로 참여한 학생들에게는 선교에 직접 참여하는 좋은 기회가 되었다.

5) 르터노대학교

2018년 미국 텍사스 롱뷰에 위치한 르터노대학교를 방문했다. 커뮤니티 아이들을 대상으로 스크래치 코딩 스쿨을 열기 전 스크래치를 복음과 접목시키는 방법을 소개하고, 코딩 스쿨을 하는 목적을 전하기 위해서였다. 현지에서 교사로 봉사할 학생들과 교수 몇 분을 대상으로 스크래치를 소개했다. 2018년 9월 24일에 첫 수업을 시작했고, 커뮤니티 아이들과 부모들로부터 좋은 반응을 얻었다.

6) 프레즈노 몽족 스크래치 코딩 스쿨

2018년 10월부터 코로나19가 발생하기 전인 2020년 3월까지 한 달에 한 번씩 미국 캘리포니아 주 프레즈노에 집단 거주하는 몽족 청소년을 대상으로 스크래치 코딩 스쿨을 진행했다. 현지 청소년들을 양육하여 스크래치 교사로 헌신할 수 있도록 교육했다.

[그림 7-5] 프레즈노 몽족을 대상으로 한 스크래치 코딩 스쿨

7) 아프리카 니제르

　현지 선교사의 요청으로 2019년 아프리카 니제르에 있는 여자 기독교 학교를 방문해 일주일간 스크래치 초급반 수업을 진행했다. 코딩 스쿨을 위해 랩톱도 지원했다. 처음 접한 스크래치 코딩이었지만 대부분 잘 따라와 주었다. 현지 언어가 불어인 관계로 그곳 교사 한 분이 영어를 불어로 통역하는 과정을 거쳐야 했지만 스크래치로 만든 성경 퀴즈 게임을 하는 등 즐거운 분위기에서 수업을 진행할 수 있었다.

[그림 7-6] 니제르 기독교 학교의 스크래치 코딩 스쿨

8. 결론

　스크래치가 모든 사람, 특히 어린 아이에게 유익한 코딩 언어인 것은 분명하다. 복음을 전하는 것뿐 아니라 코딩의 기본도 잘 가르칠 수 있다. 스크래치는 성경 말씀과 코딩을 배우는 사람, 성경 콘텐츠를 만드는 사람, 성경과 코딩을 가르치는 사람 모두에게 유익한 언어다. 그러나 모든 사람이 스크래치를 좋아하는 것은 아니다. 스크래치뿐 아니라 코딩 자체를 좋아하지 않는 사람도 많다. 적성에 맞지 않기 때문이

다. 코딩이 적성에 맞지 않는다고 해서 문제가 있는 것은 절대 아니다. 하나님은 우리 개개인을 고유한 특성을 지닌 존재로 창조하셨고, 각기 다른 재능을 주셨다.

현재 다니고 있는 교회에서 100여 명의 아이에게 스크래치를 가르쳤다. 그중 단 15퍼센트만 중급반에 등록했다. 15퍼센트 가운데 3분의 1은 진짜 코딩을 좋아해서, 다른 3분의 1은 그림을 그려 자신의 생각을 표현하거나 음악적인 요소를 좋아해서, 나머지는 수업에 참석하는 것 자체가 좋아서 등록했다. 이유야 어찌 됐든 간에 스크래치를 좋아해서다. 100여 명의 아이들 가운데 85퍼센트는 스크래치를 좋아하지 않거나 코딩을 좋아하지 않는 경우다. 아니면 수업 시간에 나누고 배우는 성경 말씀을 좋아하지 않았을 수도 있다. 시대의 흐름이 코딩을 모르면 뒤처진다는 분위기 때문에 스크래치에 관심을 가지고 수업을 듣지만 많은 수의 학생이 적성에 맞지 않는다거나 다른 텍스트 기반 코딩 언어를 선호하거나 성경 말씀을 다루는 것을 기피한다.

모든 사람이 스크래치나 코딩 언어를 좋아할 필요는 없다. 코딩이 주는 좋은 점을 코딩이 아닌 다른 방법으로 취할 수 있고, 성경 말씀을 배울 수 있는 다양한 방법이 있기 때문이다. 코딩은 선교에 쓰이는 도구의 하나이지 전부가 아니다. 스크래치가 사람들에게, 특히 자라나는 아이들에게 필요하다고 해서 모든 사람이 꼭 해야 하는 것은 아니다. 그러나 기회는 모두에게 주어져야 한다고 생각한다. 선교지에 있는 사람들에게도 기회가 주어져야 한다. 선택지가 많지 않은 선교지에서는 스크래치가 더 유용하게 사용될 수 있다.

지금까지 스크래치 코딩 교육을 수행한 선교지에서 선교사와 학생의 반응은 상당히 좋았다. 많은 사람이 현지에 꼭 필요한 교육이라는 데 공감한다. 그러나 아무리 좋은 것이라도 한 번으로 끝나면 그 진가를 제대로 찾아낼 수 없다. 선교지에 스크래치 코딩과 복음을 전하는 데 있어 가장 중요한 점은 스크래치를 현지에서 지속적으로 가르칠 수 있는 교사를 양성하고, 그 교사를 꾸준히 지원하는 것이다.

지금까지 여러 선교지를 방문해 스크래치 코딩 스쿨을 열거나 스크래치를 소개해 왔다. 이런 코딩 스쿨을 지속하기 위해서는 현지 교사 양성이 꼭 필요한데, 지금까지 이 부분이 잘 이루어지지 않고 있다. 여러 가지 이유가 있겠지만 가장 큰 요소는 선교사 본인을 제외하고는 다른 헌신자를 찾기 어렵기 때문이다. 그러므로 스크래치 코딩 스쿨을 선교지에서 진행하기를 원한다면 방문하기 전 미리 교사로 헌신할 사람을 찾는 것이 중요하다. 대부분 단기 선교로 방문해서 주어진 시간이 많지 않기 때문이다.

개인적인 바람이 있다면 진정 하나님과 하나님 말씀을 사랑하고 주어진 지상명령을 수행하기 원하는 사람들이 모여서 하나님이 주신 재능을 사용해 더 많은 성경 콘텐츠를 스크래치로 만들고 가르치고 선교지에 배포하는 것이다. 스크래치와 선교에 관심이 있다면 스크래치가 주는 매력에 흠뻑 빠져 보기 바란다. 성급하게 스크래치를 판단하지 말고 꾸준히 사용해 보기를 권한다. 지금도 필자는 내가 만든 스크래치 성경 작품 하나가 누군가의 남은 인생을 바꿀 수 있다고 믿는다.

기회는 모두에게 주어져야 한다.

선택지가 많지 않은 선교지에서는

스크래치가

더 유용하게 사용될 수 있다.

Chapter 8

컴퓨터 센터 구축 프로젝트 :
만천하의 백성들이여, 오십시오!

전생명(선교사, 전 FMnC 선교회 대표)

1. 서론

20세기가 끝날 무렵인 1998년, 컴퓨터를 조립하는 일을 하던 한 형제가 우즈베키스탄에 일주일 단기 선교를 다녀와서 "우즈베키스탄의 대학교에는 중고 컴퓨터도 없어요"라고 했다. 얼마 후 우리는 우즈베키스탄의 한국인 교수님으로부터 중고 컴퓨터로 컴퓨터 센터를 세우자는 제안을 받았다. 그래서 IT 업종에 근무하는 몇 사람이 모여 '중고 컴퓨터를 활용한 우즈베키스탄 컴퓨터 센터 프로젝트'를 시작했다. 그리고 중고 컴퓨터를 기증 받아 수리한 뒤 다시 조립하기 시작했다. 거의 한 달 동안 작업해서 8대의 컴퓨터를 만들었다. 외형을 깨끗하게 닦고 영문판 윈도우를 설치하고 박스에 포장해 우즈베키스탄 A시에 있는 대학교에 컴퓨터를 보냈다. 교수님은 그 컴퓨터를 활용해 컴퓨터 센터를 운영하면서 학생들을 가르칠 수 있었다.

컴퓨터가 없던 대학교에 컴퓨터 센터가 설립되자 많은 학생이 몰려들었다. 컴퓨터 센터는 학생들을 만날 수 있는 좋은 기회와 학생들의 능력을 향상시켜 줄 수 있는 환경을 만들어 주었다. 중고 컴퓨터 8대로 우즈베키스탄의 대학교에 컴퓨터 센터를 설립하고 학생들에게 컴퓨터를 사용할 기회를 제공했다는 사실에 뿌듯함과 함께 큰 기쁨을 맛보았다. 이것이 '컴퓨터 센터 구축 프로젝트'의 시작이었다.

2. 컴퓨터 센터 구축 프로젝트의 변화

FMnC 선교회의 컴퓨터 센터 구축 프로젝트는 20여 년간 진행되었는데, 크게 3단계를 거치며 발전해 왔다.

첫 번째는 개인 중고 컴퓨터 기증을 통해 컴퓨터 센터를 구축하는 단계다. 개인이 쓰던 중고 컴퓨터를 기증 받아서 헌신된 재능 기부자들이 컴퓨터를 수리하고 재조립한 뒤 포장해 필요한 지역으로 보냈다. 이 단계에서 굉장히 많은 에너지가 들어갔지만, 아름다운 헌신을 볼 수 있었다.

두 번째는 기업과 단체가 중고 컴퓨터를 대량으로 기증하는 단계다. 많은 컴퓨터를 한꺼번에 기증 받게 되면서 우리는 첫 단계에서 경험하지 못한 기쁨을 맛보았다. 첫 단계에서 볼 수 없던 일들도 진행되었다. 후원 음악회가 열렸고, 세팅하고 포장하는 데 전문가들이 함께 참여했다. 나중에는 컴퓨터를 재생산하는 업체들과 협업하기도 했다.

세 번째는 기부금(후원금)을 받아 새 컴퓨터로 컴퓨터 센터를 구축하는 단계다. 이 단계에서는 후원금을 받아 새 컴퓨터를 구입해 보내기도 하고, 현지에서 구입하도록 후원금을 보내기도 한다. 우리는 각 단계마다 하나님이 함께하시는 기쁨을 누렸다. 네이버 '해피빈'과 같은 기부 시스템과 연결되는 기쁨도 경험했고, 블록체인 기부 플랫폼인 '체리' 등 시스템을 적극적으로 활용하고 있다. '해피빈'과 '체리'를 통해 기부 받는 것은 우리가 알지 못하는 많은 사람으로부터 기부 받는다는 장점이 있다.

20년 동안 우리는 다양한 변화를 경험했다. 지금은 새 컴퓨터를 보내기도 하지만 여전히 개인과 기관으로부터 중고 컴퓨터를 기증 받아 새롭게 세팅해 컴퓨터 센터를 설립하고 있다.

지금까지 진행되었던 컴퓨터 센터 구축 프로젝트에 대해 구체적으로 설명하려고 한다. 첫 번째 단계에서 우즈베키스탄에 중고 컴퓨터 8대로 컴퓨터 센터를 설립한 경험은 우리에게 '11150(만천백오십) 프로젝트'라는 새 비전을 주었다. 이 프로젝트의 닉네임은 '만천하의 백성들이여, 오십시오'이다. 이 닉네임은 '11150의 의미를 맞추면 선물을 주는 캠페인'에 응모했던 사람의 대답이었다. 11150 프로젝트는 1만 명의 중보자가 기도하고, 1,000대의 컴퓨터로 50개 컴퓨터 센터를 세워 100명의 컴퓨터 교수(교사) 선교사를 파송한다는 프로젝트명이다. 8대의 중고 컴퓨터를 한 달 동안 작업해 보낸 이후 갖게 된 큰 비전이었다. 우리가 이런 비전을 갖게 된 것은 컴퓨터 센터가 선교지에서 매우 유용하다는 사실 하나였다. 선교지의 많은 사람이 컴퓨터를 배우길 원했고, 한국인 선교사들은 비교적 컴퓨터를 잘 가르칠 수 있었다. 컴퓨터를 통해 사람들을 만나고, 사랑으로 컴퓨터를 가르치고, 복음과 삶을 자연스럽게 나눌 수 있는 기회가 생겼다.

비전과 경험이 만나 일이 진행되었다. 우즈베키스탄을 시작으로 여러 나라에 컴퓨터 센터를 세우는 프로젝트가 진행되었다. 카자흐스탄에는 10여 대의 중고 컴퓨터를 조립해 단기 선교를 갔다. 선교사님이 설립한 교회의 부설 교육센터에 컴퓨터를 설치하고 교육을 실시했다. 난생처음 컴퓨터를 사용해 보는 아이들은 무척 신기해했다. 강의 도중 "마우스를 내 컴퓨터(My Computer)에 갖다 놓고 클릭하세요"라고 말했더니 교육을 받던 한 아주머니가 마우스를 들어 모니터에 갖다 놓았던 일은 지금도 회자되는 재미있는 에피소드다.

9·11 이후 아프가니스탄에 NGO 활동이 열려 북부 도시의 국립대학교에 컴퓨터 센터를 설립한 적도 있다. 중고 컴퓨터 5대를 조립해 마

자르이샤리프에 컴퓨터 센터를 설치하고 강의를 진행했다. 우리가 계획했던 것 이상으로 중고 컴퓨터를 기증 받아 많은 컴퓨터 센터를 세웠다.

이렇게 소량의 중고 컴퓨터로 컴퓨터 센터를 설립하다가 큰 프로젝트가 시작되었다. 우즈베키스탄에 컴퓨터 100대를 보내 5개 도시의 국립대학교에 컴퓨터 센터를 설립한다는 야심 찬 계획이었다. 컴퓨터 조립과 세팅을 전문으로 하지 않는 자원봉사자들이 모여 중고 컴퓨터 10대 정도를 만드는 데 한 달 정도 걸렸다. 당시 상황에서 컴퓨터 100대를 세팅한다는 것은 거의 10개월이 걸린다는 의미였다. 그러나 우리가 하는 일이 선교이고, 우즈벡 젊은이들에게 새로운 경험을 선물해 줄 수 있다는 생각에 프로젝트를 진행하기로 결정했다.

한 대의 컴퓨터도 확보하지 못하고 작업할 수 있는 장소도 없는 상태에서 무모하게 프로젝트를 시작했다. 그저 예수님이 행하실 것을 믿고 움직였다. 지금 생각해 보면 컴퓨터 100대가 어디서 어떻게 기증되었는지 놀라울 따름이다. 개인이 쓰던 컴퓨터를 기증 받을 때면 얼마나 기뻤는지 모른다. 또 기증 받은 컴퓨터를 새롭게 세팅해 선교지로 나갈 상태가 되었을 때도 얼마나 기뻤는지 모른다. 오랫동안 무관심하게 방치되어 있던 컴퓨터를 기증 받으면 상태가 그리 좋지 않은 경우가 많아서 컴퓨터를 닦기 위해 치약과 칫솔을 사용하는 창의적인 방법까지 동원되었다. 열방의 대학생들이 중고 컴퓨터를 기쁘게 사용하는 모습과 우리가 시도했던 다양한 노력이 어제 일처럼 떠오른다.

컴퓨터 100대를 조립하려고 하면 장소가 큰 문제였다. 기증 받은 컴퓨터를 보관해 두어야 하고, 컴퓨터를 조립하고 세팅할 장소가 필요하고, 세팅한 컴퓨터를 테스트할 장소도 필요했다. 세팅이 완료되면 포장할 장소도 필요하고, 포장한 것을 보관할 장소도 필요했다. 한마디로 이 프로젝트를 위해 별도의 작업장이 필요했다. 그러던 중 프로젝트를 총괄하던 한동대학교 김기석 교수의 가족이 캐나다로 연수를 가게 되었다. 김기석 교수는 프로젝트의 전 과정을 진행할 장소로 기꺼이 아파트를 제공해 주었다. 처음에는 거실에서 시작한 컴퓨터 조립 작업이 점차 확대되면서 한 방은 기증 받은 컴퓨터실, 또 다른 방은 조립한 컴퓨터 보관실로 바뀌었다. 그러다가 김 교수가 사용하던 침실까지 들어가 컴퓨터를 조립했다.

주님이 그때그때 준비해 놓으신 일들이 연속되면서 10개월 이상의 작업을 거쳐 컴퓨터 100대가 마지막으로 포장되었을 때의 기억이 지금도 생생하다. 포장된 컴퓨터에 손을 얹고 한마음으로 이 컴퓨터를 사용하는 우즈벡인들이 하나님의 사랑을 경험할 수 있게 해 달라고 기도했다. 이런 과정을 통해 100대의 컴퓨터가 우즈베키스탄에 보내졌고 4개 도시, 5개 대학교에 컴퓨터 센터가 세워졌다. A시의 경우 중고 컴퓨터 20대를 보냈는데, 컴퓨터 센터를 오픈하는 날이 시 차원의 큰 행사가 되었다. 심지어 한국 대사와 현지 주지사가 컴퓨터 센터 오픈식에 참여해 축사까지 했다. 게다가 컴퓨터 센터의 컴퓨터를 사용하기 위해 많은 학생이 줄을 섰다. 컴퓨터 센터를 통해 컴퓨터를 배운 많은 학생이 지금은 사회 각 분야의 리더가 되었다. 이름 없이 기증된 중고 컴퓨터는 우즈베키스탄에서 새로운 용도로 많은 사람의 사랑을 받으며 사용되었다.

중고 컴퓨터를 활용해 컴퓨터 센터를 설립하는 프로젝트는 FMnC 선교회가 세워지는 중요한 역할을 했다. 이 프로젝트를 종료한 후 2001년에 'IT를 활용한 새로운 선교 전략'이라는 비전을 가지고 FMnC 선교회가 설립되었다. 그리고 선교회의 한 멤버가 공동으로 설립한 벤처기업 '꿈과기술'의 지하 회의실은 컴퓨터 조립실로 활용되었다. 중고 컴퓨터를 기증 받아 컴퓨터 센터를 설립하는 프로젝트는 21세기 초반까지 계속되었다. 그러나 중고 컴퓨터를 개인적으로 기증 받아서 조립하고 세팅하는 일을 지속한다는 것은 힘들고 어려운 일이었다. FMnC 선교회가 선교사를 파송하게 되고 다양한 사역을 진행하면서 중고 컴퓨터 센터 사역은 중단되었다.

그러나 이 사역의 중단은 새로운 시작을 위한 마중물이었다. 시대가 바뀌면 새로운 사역이 시작될 수밖에 없다. 한국의 선교 상황도 많이 바뀌었다. 젊은 선교 헌신자가 많이 줄었다. 이와 반대로 사회 경험이 있고, 사회에서 성공한 사람들이 의미 있는 삶을 추구하는 흐름이 생겨났다. 이런 흐름 가운데 중고 컴퓨터 센터 프로젝트의 두 번째 단계가 열렸다.

2013년 11월 FMnC 선교회는 YWAM(예수전도단)과 ITMC 콘퍼런스를 주최했다. 이 콘퍼런스는 로렌 커닝햄이 한국에서 본 비전을 공유하면서 스마트 선교에 대한 비전을 나누는 선교대회였다. 이 일을 준비하면서 FMnC 선교회는 IT CEO들의 모임인 솔리데오와 연합하게 되었다. 솔리데오의 멤버인 이포넷 이수정 대표가 FMnC 선교회에 합류했다. 그러면서 IT 회사들이 중고 컴퓨터를 기증하기 시작했는데, 이를 계기로 중고 컴퓨터 센터 프로젝트가 새로운 모습으로 다시 출발선에 서게 되었다. 기업들은 사용하던 비교적 좋은 중고 컴퓨터를 대량으로 기증하기 시작했다. 기업들도 폐기해야 할 중고 컴퓨터를 선한 사업에 사용하는 것을 좋게 여겼다. 2014년부터 기업들에게서 중고 컴퓨터를 기증 받는 일을 진행했고, 마침 몽골의 MIU대학교에서 컴퓨터 60대를 요청해 왔다. FIS에서 컴퓨터 50여 대를 기증했고, 여러 회사에서 12대를 기증하여 컴퓨터 62대를 세팅해 보냈다. 그후 기업에서 사용하던 좋은 중고 컴퓨터를 기증 받고, 컴퓨터 세팅을 위한 전문적인 자원봉사자들과 연결되고, 작업할 수 있는 장소를 빌려 이틀 만에 컴퓨터 62대를 세팅할 수 있었다. 초창기 프로젝트 진행 속도와 비교할 때 150배 빠른 속도였다.

컴퓨터 센터 프로젝트는 선교지의 요청이 있을 때 일회성으로 진행되었다. 그러다가 중고 컴퓨터를 재생산하는 시머스라는 기업과 연결되었고, 수시로 기증 받은 컴퓨터를 시머스에 보내고 있다. 그리고 선교지에서 컴퓨터 요청이 들어오면 이제까지 기증된 컴퓨터 대수를 시머스에서 확인해 주고, 그만큼의 컴퓨터를 곧바로 보내준다. 또한 우리는 컴퓨터 센터 설립에 필요한 재정을 마련하기 위해 2014년부터 자선음악회를 수차례 진행했다. 이를 통해 얻은 수익금은 본부 운영 자금과 해외에 있는 컴퓨터 센터를 지원하는 자금으로 사용되었다.

세 번째 단계는 기부를 통해 구입한 새 컴퓨터로 센터를 구축하는 단계다. 이 일을 위한 이사회가 운영되면서 기업을 경영하는 이사들이 함께하게 되었다. 유능한 이사들이 합류하면서 그동안 진행해 오던 컴퓨터 센터 설립을 좀 더 체계화시키고 새롭게 할 필요성이 부각되었다. 이사회는 여러 차례의 미팅을 거쳐 '100개 컴퓨터 센터 프로젝트'

를 시작하게 되었다. 2020년부터 2030년까지 10년 동안 전 세계에 컴퓨터 센터가 필요한 지역에 컴퓨터 센터 100곳을 설립한다는 프로젝트다. 이를 위해 다양한 방법으로 기부금을 모아 새로운 컴퓨터를 구입해 컴퓨터 센터를 설립하고자 했다. 이런 비전이 세팅되자마자 하나님이 일하기 시작하셨다. 첫 번째 의미 있는 연결은 네이버 해피빈과의 만남이다. 네이버 해피빈과 곧바로 '100개 컴퓨터 센터 짓기' 프로젝트가 진행되었다. 해피빈의 페이지를 통해 프로젝트의 내용을 알게 된 많은 사람이 자신의 콩(해피빈)과 재정을 기부했다.

FMnC 선교회의 협력회사인 이포넷은 블록체인 기반의 기부 시스템인 체리를 개발했다. 체리를 통해 지인들에게 프로젝트를 쉽게 홍보할 수 있을 뿐 아니라 전략적인 파트너로 같이 일할 수 있게 되었다. 짧은 시간에 컴퓨터 센터 6곳이 설립되었고, 지금도 2곳의 컴퓨터 센터 구축 프로젝트가 진행 중이다.

3. 컴퓨터 센터 구축 프로젝트의 구성 요소

컴퓨터 센터 구축 프로젝트는 컴퓨터만 보내면 되는 것이 아니다. 컴퓨터 센터 구축에 대한 노하우가 전혀 없는 곳에는 컨설팅 서비스도 지원해야 한다. 컴퓨터 센터 구축 프로젝트의 구성 요소는 다음과 같다.

① 컴퓨터와 네트워크, 주변 기기 등 컴퓨터 센터에 필요한 기기와 장비
② 교육 운영 커리큘럼과 컴퓨터 센터 운영 노하우 등
③ 교육을 진행할 교사

4. 발전 방향

컴퓨터 센터 구축 프로젝트는 지금까지 크게 3단계로 진행되어 왔다. 개인 중고 컴퓨터 기증 단계, 기업과 기관의 중고 컴퓨터 기증 단계, 기부금을 통한 기증 단계다. 그러면 앞으로는 어떻게 컴퓨터 센터 프로젝트를 진행해야 할까?

2019년에 시작된 코로나19로 컴퓨터 센터 설립에 어려움을 겪고 있다. 이를 계기로 앞으로 컴퓨터 센터 구축 프로젝트를 어떻게 발전시켜야 할지 몇 가지로 정리해 보았다.

첫 번째는 컴퓨터 센터 구축 프로젝트는 H/W 공급보다 S/W 공급이 더 중요해질 전망이다. 이에 발맞춰 현지에 필요한 교육 커리큘럼 개발, 운영 노하우 등에 더 집중하게 될 것이다.

두 번째는 컴퓨터 센터의 교육을 담당할 교사의 지원으로, 현지 교사를 훈련하는 것도 필요하다.

세 번째는 비대면으로 교육이 진행되는 것을 고려해야 한다. 이를 위해 네트워크와 인터넷 설치에 더 주안점을 둘 필요가 있다.

마지막으로 센터 간의 네트워크다. 센터가 개별 센터가 아니라 네트워크로 연결될 때 서로 많은 것을 배우게 되는 강점이 생긴다.

5. 선교적 사례와 결과

선교적 사례를 단계별로 하나씩 소개하려고 한다.

1) 첫 번째 단계 - 캄보디아 쁘레이뱅의 요셉비전센터

요셉비전센터는 FMnC 선교회에서 파송 받은 김반석 선교사 가정의 캄보디아 쁘레이뱅 지역 선교 베이스다. 이곳의 초기 핵심 사역은 컴퓨터 교육이었다. 김 선교사는 이곳에서 2005년부터 2017년까지 사역했으며, 그후 현지인 제자들과 후임 선교사가 그 사역을 이어가고 있다. 요셉비전센터로 시작하여 쁘레이뱅 지역에 교회 세 곳이 세워졌으며, 각 교회를 섬기는 사역자들은 모두 요셉비전센터를 통해 양육된 현지인이다.

교회 개척, 청소년 공동체, 유치원 등 많은 사역이 지속적으로 이어지는 쁘레이뱅 지역의 선교 사역은 요셉비전센터에서 무료 컴퓨터 교육과 함께 시작되었다. 요셉비전센터는 2005년 캄보디아 쁘레이뱅 주 전체를 통틀어 첫 번째로 세워진 컴퓨터 교육센터였다.

2009년까지 이곳에서 컴퓨터 교육이 활발하게 진행되었다. 공무원들과 초·중·고 교사들이 컴퓨터 교육에 참여했는데, 중·고등학교 학생과 대학생의 참여율이 가장 높았다. 교육 내용은 Windows, MS Word, Excel, Power Point와 컴퓨터 조립 등이었다. 기본에 해당하는 과목이지만 당시 캄보디아에서는 개인은 물론이고 일부 관공서와 학교에도 컴퓨터가 보급되지 않았던 때라 현지인들에게 아주 매력 있는 교육이었다. 초·중·고·대학생과 교사 등 연령별로 4개 클래스를 운영했고, 매 클래스마다 정원의 4-5배 이상 지원할 정도로 사람이 몰렸다.

요셉비전센터의 컴퓨터 교육은 김반석 선교사 가정의 쁘레이뱅 선교에서 큰 역할을 하며 많은 선교적 기회를 제공해 주었다. 요셉비전센터를 통한 선교적 열매는 네 가지로 정리할 수 있다.

① 컴퓨터 교육의 보급과 인재 양성

2005년 캄보디아에서는 일부 대학에서 주당 겨우 1-2시간 컴퓨터 교육을 실시하는 정도였다. 이때 요셉비전센터는 중·고등학교 학생과 대학생에게 무료 교육을 실시했으며 일부 초등학교 고학년 학생도 교육에 참여했다. 주 3회 10주 과정의 교육을 매년 100명 이상이 수료했다. 교사와 공무원이 컴퓨터 교육에 참여했고, 지역 중·고등학교에 컴퓨터를 기증하여 학생이 교육을 받을 수 있게 했다. 요셉비전센터에서 컴퓨터를 배운 이들은 컴퓨터 전공으로 대학에 진학하기도 하고, 은행이나 캄보디아에 들어온 한국 회사 등에 취업하기도 했으며, 공립학교의 교사가 된 청년도 적지 않다.

② 선교사로서 지역사회와 신뢰 형성

이방인으로 지역사회에 들어온 선교사가 선교 대상지인 지역사회와 신뢰관계를 형성하는 것은 매우 의미 있는 일이다. 컴퓨터 교육은 현지인들이 원하는 것이지만 그들 스스로는 할 수 없는 것이었다. 이때 선교사가 그들이 원하는 컴퓨터 교육을 무료로 제공함으로써 지역사회에 좋은 이미지를 심어 줄 수 있었다. 게다가 공무원과 교사, 대학생 등 지역에서 존경 받고 영향력을 가진 사람들이 컴퓨터를 배우기 위해 선교센터를 오가면서 선교사는 지역사회에서 자연스럽게 받아들여질 수 있었다.

③ 청년 예배의 개척

10명으로 구성한 컴퓨터 클래스가 1차, 2차 진행되면서 클래스 내

수강생들 사이에 교제가 이루어지고 친밀한 관계가 형성되었다. 뿐만 아니라 선교사(강사)와 수강생의 관계도 친밀해졌다. 컴퓨터 교육의 특성상 가까이서 가르치고 배우는 사이 금방 친해질 수 있었던 것이다. 과정을 마치고 수료식을 할 때는 축하 파티를 겸하여 모두가 즐겁게 교제하는 시간을 가졌다. 컴퓨터를 배우면서 어느새 친구가 된 것이다.

컴퓨터 수업 외에 별도로 모이는 모임이 만들어지고, 그 모임에 성경 배우는 시간이 추가되었다. 성경은 그들에게 매우 낯선 것이었지만, 선교사가 들려주는 성경 이야기를 귀 기울여 들었다. 이미 좋은 관계가 형성되었기에 가능했던 일이다. 성경 이야기를 곁들이는 교제 모임은 정기적인 모임이 되었다. 그리고 한국에서 청년 단기 선교팀이 방문한 것을 계기로 모임은 형식을 갖춘 청년들의 예배 모임으로 성장했다. 이제 막 '예수님'의 이름을 들어 아직 믿음을 갖지 못한 현지 청년들이 모이는 예배이지만 컴퓨터 교육과 친밀함으로 연결된 예배는 오래 유지되었다.

④ 청소년 공동체와 제자 양육의 기반

청소년 공동체 사역은 중·고등학교 학생과 선교사가 한 공동체를 이루어 가족처럼 함께 살면서 학교 교육과 인성 훈련, 신앙 교육을 통해 제자를 양육하는 사역이다. 이 사역은 이후 교회 개척, 현지 목회자 발굴과 양육에 큰 역할을 담당하고 있다. 기독교에 대한 핍박이 없다고 하지만 불교가 국교이고 소승불교의 지배력이 강한 캄보디아에서 외래 종교로 인식되는 기독교 복음을 전하기 위해서는 적합한 전략이 필요한데, 그것이 바로 청소년 공동체 사역이다. 전통적으로 캄보디아에서는 친지들 가운데 부유한 가정이 가난한 가정의 자녀들을 맡아 보살피는 문화가 있는데, 이런 문화를 선교 전략으로 활용하여 사역하고 있다.

캄보디아 현지 문화와도 어울리고 장기적 사역에서 열매 맺을 수 있는 이런 청소년 공동체 사역을 하기 위해 반드시 전제되는 조건이 있다. 선교사와 현지 가정과의 신뢰관계다. 선교사에 대한 깊은 신뢰 없이 자녀를 보내고 맡길 수 없기 때문이다. 컴퓨터 교육으로 지역을 섬기며 지역에서 존경 받는 사람들과 오랜 시간 좋은 관계를 유지하는 가운데 깊은 신뢰를 쌓을 수 있었다. 신뢰를 쌓은 몇몇 현지인 가정에서 자녀 양육과 돌봄을 선교사에게 맡김으로써 청소년 공동체 사역이 시작되었다. 2007년부터 현재까지 청소년 공동체 사역이 계속되고 있으며, 이를 통해 6가정의 목회자 가정이 세워졌다. 이로 말미암아 인격과 실력을 겸비한 믿음의 사람들이 공동체 안에서 성장할 수 있었다.

이상에서 언급한 선교적 열매가 전적으로 요셉비전센터의 컴퓨터 교육을 통해 이루어졌다고 단정할 수는 없다. 그러나 컴퓨터 교육은 캄보디아 쁘레이뱅 선교 현장에서 현지인들의 필요를 채워 주고 제자 양육과 교회 개척이 이루어지도록 선교 환경을 제공해 준 특별하고 가치 있는 사역임에 분명하다.

2) 두 번째 단계 - 몽골에 설립된 컴퓨터 센터

2014년 몽골국제대학교에서 컴퓨터 60대를 요청해 왔는데, 놀랍게도 며칠 뒤 우리카드사에서 중고 컴퓨터 50대를 기증했다. 그리고 솔리데오 소속의 여러 회사가 컴퓨터를 기증했다. 제이시현시스템, 비트컴퓨터, 이포넷 등의 기업이 컴퓨터 12대를 기증한 것이다. 우리는 서

둘러 기증 받은 컴퓨터를 새롭게 세팅해야 했다. 2013년 진행된 ITMC를 통해 연결된 강두영 사장은 구로공단의 지하 사무실을 이틀 임대했다. 그리고 친분이 있는 건인정보시스템의 서강원 사장이 회사 직원들을 사회봉사 차원으로 연결해 주었다. 사양이 동일한 컴퓨터에 넓은 조립실과 전문 인력이 붙자 컴퓨터 62대를 조립하는 데 이틀밖에 걸리지 않았다. 놀라운 인도하심과 이끄심이었다. 컴퓨터는 그다음 날 컨테이너로 보내져 몽골로 들어갔다.

이렇게 보낸 컴퓨터를 활용해 몽골국제대학교(MIU)는 컴퓨터 센터 두 곳을 설립했다. 하나는 M빌딩 3층에 상경대 컴퓨터 교육센터이고, 다른 하나는 공학대 IT교육센터다. 공학대 센터는 D빌딩 2층에 컴퓨터 교육센터와 함께 실습센터를 개설했고 이곳에서 강의와 강의 준비, 실습이 진행되고 있다. 컴퓨터 센터는 공학과 학생들에게 많은 도움이 되고 있다. 203호는 공학대 IT 교육센터로 IT, BT, ET과 학생들을 위한 공간이 되어 강의 전용으로 활용되고 있다. 또한 D빌딩 205호는 공학대 IT 교육센터로 IT, BT, ET과 학생들의 강의와 강의 준비, 실습을 위한 장소로 활용되고 있다. 학생들은 컴퓨터 교육을 받을 뿐 아니라 그리스도인의 사랑을 느끼면서 행복하게 생활하고 있다.

MIU대학교 총장과 만나면 컴퓨터 센터 이야기를 나눈다. MIU는 선교를 위한 거점 대학교로 몽골에서 중요한 역할을 해 나가고 있다. MIU의 교수 요원들은 사랑하는 마음으로 몽골 학생들을 가르치며, 삶과 복음으로 영혼들을 양육하고 있다. 우리는 컴퓨터 센터 설립을 통해 MIU, 헌신된 교수 선교사들과 동역할 수 있어 기쁘고 즐겁다.

[그림 8-1] 몽골국제대학교(MIU) 공학대 IT 교육센터

3) 세 번째 단계 – 미얀마 만달레이의 아웅쁜레 컴퓨터 센터

　FMnC 선교회와 해피빈의 기도와 지원으로 2019년부터 미얀마 만달레이 아웅쁜레 지역에서 컴퓨터 센터를 시작했다. 이곳은 인구 밀집 지역으로 아동과 청소년 인구 비율이 상당히 높다. 이 지역에는 초·중·고등학교가 밀집해 있고 학원도 많은데, 부유층이 아니라 서민이 많이 살고 있다. 2017년부터 컴퓨터 센터 장소를 위해 기도하고 있었는데, 2018년 6월에 FMnC 선교회 단기팀 멤버들과 지역 선택과 센터 부지를 위해 여러 곳을 둘러보았다. 기도의 응답이었는지 단기팀이 돌아간 후 7월 말에 아웅쁜레 지역에 목조 건물과 마당이 딸린 35평 정도의 부지를 매입할 수 있었다. 서민층에 속한 아동과 청소년을 도우라

[그림 8-2] 미얀마 아웅삔레 컴퓨터 센터

는 주님의 깊은 뜻이 있었다. 아웅삔레 지역 아동과 청소년은 부유층에 속한 아이들과 달리 컴퓨터와 정보화 교육에서 소외된 상태여서 센터의 컴퓨터 교육이 꿈과 소망을 심어 줄 수 있으리라는 기대감을 갖게 되었다. 컴퓨터 수업의 교육 내용에는 미얀마 글자 자판 치기, 파워포인트로 그림 그리기, 포토샵, 논리력과 창의력을 키워 주기 위한 스크래치 코딩이 포함되어 있다.

중학생인 린셋나인과 초등학생 모나디꼬는 친남매로 컴퓨터에 재능이 있다. 린셋나인은 센스가 있어 빠른 속도로 스킬을 익혀 갔는데, 그림도 잘 그리고 스크래치 코딩도 잘한다. 그러나 안타까운 것은 그림이 어둡다는 것이다. 어떤 이유로 어두운 그림을 그리는지 모르지만 앞으로 사랑과 기도로써 밝고 희망적인 생각을 가진 아이로 변화되기를 바라고 있다. 동생 모나리꼬는 무척 귀여운 여자아이인데 얼굴에 미소가 넘친다. 그림을 가르쳐 주지 않았는데도 창의적으로 잘 그린다. 이렇게 우리가 보낸 컴퓨터를 통해 아웅뻰레 아동과 청소년을 위한 컴퓨터 센터로 세워지고 있다.

현재 네 명의 미얀마 현지 자매들이 함께 컴퓨터 교사로 활동하고 있다. 딴다윈 자매는 2019년 수학과를 졸업하고 센터에서 일하고 있다. 이 자매는 그리스도인 자매로 아이들을 도우면서 복음을 전하고 싶다는 소망을 가지고 있다. 컴퓨터 전공자는 아니지만 지금은 아이들을 위한 컴퓨터 선생으로서 역량을 키워 나가고 있다. 앞으로 아동

[그림 8-3] 미얀마 아웅뻰레 컴퓨터 센터의 교사들과 아이들

과 청소년을 위한 컴퓨터 코딩 강사로 성장하여 아이들에게 창의력을 키워 주기를 소망한다. 텟이이쪼, 에삐삐소, 텟틴초는 올해 대학 졸업 반으로 함께 보조 강사로 활동하고 있다. 고등학교 때부터 컴퓨터를 접해 컴퓨터를 잘 다루기 때문에 졸업하고 나면 취업에 유리할 것으로 기대한다. 자매들이 믿음을 가진 직업인으로 굳게 설 수 있기를 바란다.

앞으로 센터의 운영 방향은 교육 내용을 더욱 다양화하고 심화시켜 현지인들에게 도움을 주면서 복음을 전하는 것이다. 예를 들어 포토샵 심화 교육을 추가하고 예제 그림들 가운데 성경 이야기를 담아 마음이 순수한 아동과 청소년에게 복음을 들려줄 수 있기를 바란다. 또한 현지 컴퓨터 교사들이 역량을 키워 자립할 수 있는 기반을 다지길 바란다.

6. 결론

20년 동안 단계별로 진행된 컴퓨터 센터 구축 프로젝트의 성공 포인트를 정리해 보았다.

첫 번째, 하나님이 주신 비전을 따라 시작했다는 것이다. 처음 시작할 때 11150 비전은 주님이 여러 사람을 통해 확신을 심어 주신 비전이었다. 3단계의 100개 컴퓨터 센터 구축 프로젝트 역시 11150 비전의 연속선상에 있다.

두 번째, 시대의 필요에 민감하게 반응했다는 것이다. 중고 컴퓨터를 절실히 필요로 하는 곳이 있고, 우리는 그 필요에 민감하게 반응하면서 그저 순종했을 뿐이다. 20년이 지나면서 모습은 조금씩 바뀌었지만 변하지 않는 원칙은 하나님의 말씀에 순종하는 것이다.

세 번째, 단체를 초월해 필요가 있는 곳을 순수하게 돕는 섬김의 정신이다. 컴퓨터 센터 구축 프로젝트는 처음부터 FMnC 선교사들을 섬기기 위한 프로젝트가 아니었다. 지금도 단체와 지역을 따지지 않은 채 필요가 있고 하나님이 기뻐하신다는 확신이 들면 조건 없이 섬긴다.

네 번째, 시대에 맞춰 그 모습을 바꿔 가면서 변화한 것이다. 20년 동안 많은 것이 바뀌었다. 선교의 동향이 바뀌었고, 선교 헌신자의 상황도 바뀌었다. 이렇게 바뀌는 상황에 따라 사역의 형태도 주님의 인도하심을 따라 바뀌어 왔다. 이것은 우리의 지혜가 아니라 주님의 인도하심이었다.

마지막으로 중요한 것은 헌신된 사람이 있다는 것이다. 단계별로 사역에 헌신된 사람이 등장했는데, 우리가 순수하게 섬기려고 할 때 하나님이 단계별로 사람을 보내주셨음에 감사할 따름이다.

이 모든 영광을 하나님께 돌린다. 하나님은 하나님의 사람을 통해 그분의 일을 행하신다. 하나님을 찬양한다.

Online Mission

Part 4.

선교 공동체

통합

솔루션

Chapter 9.

온라인 예배 :

비대면 온라인 예배, 이렇게 드립시다

김태형 (선교사, IT 선교 개발)

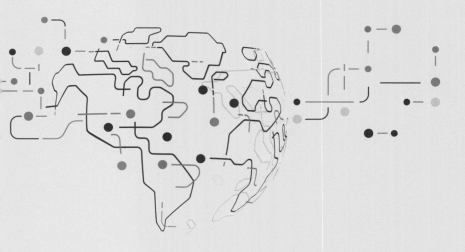

1. 서론

새로운 시대가 되었다고 느낄 만큼 우리는 지금 다양한 변화를 경험하고 있다. 기술 발전과 함께 환경, 사회, 국제관계, 문화 등 다양한 영역에서 많은 변화가 일어나고 이런 흐름 가운데 우리 삶의 방식도 변화하고 있다. 이 변화는 교회 안에서도 마찬가지다. 특별히 최근 '예배'의 영역에서 일어나는 변화는 실로 엄청나다. 모일 수 없는 상황이 되었고, '온라인 예배'를 드릴 수밖에 없는 상황이 되어 버렸다. 이에 대한 여러 가지 의견이 있고, 그 의견은 찬반으로 나뉘기도 한다. 혹자는 온라인 예배를 드리는 것이 예배의 파괴이며, 세상과의 타협이라고 말하기도 한다. 예배는 우리에게 매우 중요한 주제이므로 민감할 수밖에 없다. 온라인 예배를 어떻게 받아들이고, 어떻게 드려야 할지에 대해 이야기해 보고자 한다.

예배는 무엇인가? 신학자에 따라 다양하게 정의 내릴 수 있겠지만, 보편적 의미는 '예수 그리스도로 말미암아 거듭난 사람들이 그리스도의 인격에 나타난 신성과 완전 구속의 역사를 인식하여 찬양과 경배를 드리는 것'이다. 넓은 의미로 우리가 일상에서 삶으로 드리는 삶의 예배를 말하기도 하고, 좁은 의미로는 우리가 매 주일 드리는 예배를 뜻하기도 한다.

요즘 주일에 드리는 모이는 교회로써 공예배를 '온라인으로 드릴 수 있는가?'라는 것이 이슈가 되고 있다. 주일에 다 같이 모여 드려야 예배이고 목숨을 바쳐서라도 지켜야 하는 것이 예배인데, 상황에 따라 모이지 않고 온라인으로 예배를 드린다는 것은 배교적인 행위일까? 실제로 예배는 우리 그리스도인에게 매우 중요하다. 예배는 양보할 수 없고, 타협할 수도 없는 절대 영역이다. 그런데 '다 같이 정해진 건물에 모이는 것'이 예배의 본질일까? 우리가 타협할 수 없는 예배의 본질은 과연 무엇일까?

2. 예배에 대한 가르침

예수님은 예배에 대해 직접 말씀하셨다. 요한복음 4장은 예수님이 사마리아 수가라는 동네에 들어가 한 여인과 만나 대화를 나누시는 장면을 담고 있다. 예수님은 수가성의 우물에서 이 여인을 만났을 때 물을 달라고 하신다. 그러나 여인은 예수님께 "당신은 유대인이면서 왜 사마리아 여자인 내게 물을 달라고 하십니까"라고 하며 순순히 물을 주지 않는다. 예수님은 여인에게 정말로 목마른 사람은 바로 그녀이고 진정으로 샘솟는 생수를 주실 분은 바로 예수님 자신이라고 말씀하신다. 그런데 여인은 예수님의 말씀을 도통 알아듣지 못하고 "그런 물이 있으면 내게 주어 다시 여기에 물을 길으러 오지 않게 해주세요"라며 엉뚱한 소리를 한다. 그때 예수님은 갑자기 화제를 전환하여 그녀에게 "남편을 데려오라"고 말씀하신다. 그러자 여인은 예수님께 "남편이 없나이다"라고 말한다.

예수님은 왜 물 이야기를 하다가 갑자기 남편 이야기를 꺼내신 걸까? 그것은 그 여인의 가장 목마른 부분이 '남편'에 대한 일임을 이미 알고 계셨기 때문이다. 여인은 남편이 5명이나 있었고, 지금도 한 남자와 동거하는 중이었다. 예수님은 모든 일을 알고 계셨지만 그녀를 나무라지 않으시고 오히려 "네 말이 참되도다"라며 그녀의 상황과 형편을 이해하셨다. 그 순간 여인은 굉장히 놀랐을 것이다. 아무에게도 말하지 않은 비밀과 같은 일을 예수님이 알고 계셨고, 더 나아가 그녀를 이해하고 계셨기 때문이다. 처음에 예수님을 '선지자' 또는 '예언자' 정도로 이해했던 여인은 자신이 가장 궁금해하던 것을 물어본다. 그것은 바로 '예배'였다. 그녀는 살아오는 동안 여러 가지 어려움을 경험했던 사람 같다. 그런 인생의 목마름을 해갈하기 위해 찾았던 해결책이 바로 '예배'였던 것이다. 그녀는 올바르게 예배드리면 그녀의 아픔이나 문제가 해결되지 않을까 기대했다. 그런데 문제는 사마리아 사람들은 사마리아에서 예배를 드리는데, 유대인들은 반드시 예루살렘에서 예배를 드려야 한다고 했다. 여인은 어디서 예배를 드려야 참된 예배인지 궁금했다. 이때 예수님이 대답하셨다.

> 여자여 내 말을 믿으라 이 산에서도 말고 예루살렘에서도 말고 너희가 아버지께 예배할 때가 이르리라 너희는 알지 못하는 것을 예배하고 우리는 아는 것을 예배하노니 이는 구원이 유대인에게서 남이라 아버지께 참되게 예배하는 자들은 영과 진리로 예배할 때가 오나니 곧 이때라 아버지께서는 자기에게 이렇게 예배하는 자들을 찾으시느니라 요 4:21-23

예수님은 여인에게 예배는 이 산이나 예루살렘이라는 장소가 중요한 게 아니라고 말씀하신다. 바로 유대인으로서 구원자가 되시는 예수님을 예배하는 것이고, 이때 영과 진리로 예배해야 함을 분명히 말씀하고 계신다. 하나님은 그렇게 예배하는 자를 찾으신다는 것이다. 다시 말해 하나님이 원하시는 예배는 장소에 따른 것이 아니라 그 중심이 전적으로 하나님을 향하며, 성령 하나님의 임재 가운데 진리의 말씀을 따라 드리는 것이다. 하나님은 우리의 중심을 보신다. 요한복음 3-4절에 보면 예수님은 유대를 떠나 갈릴리로 가시면서 일부러 사마리아에 들르셨다. 의도를 갖고 이 여인을 찾아가신 것이다. 예수님은 이 여인이 가진 목마름과 그 목마름을 해갈하고자 바르게 예배를 드리기 원했던 여인의 중심을 아셨기에 굳이 사마리아까지 들어가서 이 여인을 찾으신 것 같다.

예배에서 가장 중요한 것은 바로 중심이다. '이 산에서', '저 산에서'가 아니라 '영과 진리'로 구원자 되시는 예수님께 영광을 돌리는 예배가 되어야 한다. 하나님의 말씀이 선포되고, 모든 회중은 그 말씀 앞에 결단하고 그분께 삶을 올려 드려야 하는 것이다. 하나님의 임재와 우리의 엎드림으로 그분을 만나는, 거룩한 만남으로서의 예배됨이 중요한 포인트다. 이 말씀은 온라인 예배를 드리는 우리에게도 매우 중요하다. 예배의 핵심은 장소가 아니라고 분명히 말씀하셨다. 그렇다면 온라인을 통해 어떻게 예배를 드려야 할까?

3. 온라인 vs 오프라인

먼저 '온라인'에 대한 이해가 필요하다. 온라인은 IT 기술을 통한 정보 교환을 의미한다. 'IT'는 Information Technology의 약자로 정보통신기술, 즉 정보를 소통하기 위한 여러 가지 기술이다. 온라인은 이 IT 기술을 이용하여 항상 연결된 상태가 되어 있음을 의미한다. IT 기술을 활용하면 정보 소통이 매우 쉽고 빠르고 간단하다. 이 정보는 '차가운 정보'와 '따뜻한 정보'로 나눌 수 있다. 차가운 정보는 뉴스, 데이터, 지식, 쇼핑, 미디어 등 비교적 단순하고 일방적인 정보를 의미한다. 지금까지 대부분의 정보는 차가운 정보에 속한다. 그러나 이제 정보는 일방적인 정보를 넘어 서로 간에 소통하는 개인적인 소식뿐 아니라 감정과 마음을 주고받는 사회적 관계망으로 확대되어 가고 있다. 마음과 마음이 만나는 곳이 되고 있으며, 인격적인 만남이 이루어지고, 감정의 소통이 가능한 공간이 되어가고 있다. 이런 정보가 따뜻한 정보다. SNS 플랫폼의 발달로 이제 온라인은 삶에서 빼놓을 수 없는 커다란 공간이 되었고, 마음과 감정을 나눌 수 있는 곳이 되었다.

정보를 차가운 정보와 따뜻한 정보로 나눈 이유는 차가운 정보를 전달하는 데 있어 온라인은 탁월하고 별문제가 없는 반면 따뜻한 정보를 주고받는 데는 한계가 있기 때문이다. 따뜻한 정보는 차가운 정보처럼 일방적인 정보가 아니라 상호 소통하며 공감의 감정이 오가야 한다. 온라인은 글, 이미지, 소리, 영상을 통해 정보를 전달할 수 있다. 눈에 보이는 대부분의 정보를 전달하고 있는 셈이지만 오프라인에서 느낄 수 있는 분위기, 터치, 온도, 미세한 눈빛, 민감한 감정의 흐름, 목소리 떨림 등 세밀한 현장의 요소를 전달할 수 없다.

온라인의 한계에 대한 이해를 돕기 위해 개인적인 경험을 나누고자 한다. 필자는 2020년 2월에 선교사로 파송 받아 태국으로 왔다. 그러나 오자마자 코로나19 사태가 터지면서 엎친 데 덮친 격으로 여러가지 일이 한꺼번에 일어났다. 처음 살아 보는 나라에서 경험하는 문화와 언어적 한계도 어려웠지만, 가장 어려웠던 문제는 자녀의 일이었다. 이제 막 사춘기에 접어든 열세 살의 딸아이는 부모를 따라 억지로 선교지에 끌려왔다는 생각에 새로운 곳의 모든 것을 거부했다. 한국의 친구들과 생이별(?)을 하게 만든 아빠와 엄마를 원망했고, 말을 알아들을 수 없는 학교에 가지 않으려고 했다. 새 친구들을 만나면 나아질 줄 알았지만 외국인 가운데로 들어가는 것을 많이 두려워했다. 이곳의 음식, 문화, 날씨, 냄새 등 모든 것을 거부했고, 이로 말미암아 가족과의 갈등이 심해졌다. 게다가 코로나19로 집 안에만 있어야 하는 상황은 어려움을 가중시켰다. 결국 이곳에 온 지 3개월째 되는 5월에 열세 살밖에 안 된 딸아이를 혼자 비행기에 태워 한국으로 보내게 되었다.

코로나 상황이다 보니 혼자 가는 것도 위험하고, 집도 없는 한국에 가서 지내는 것도 걱정되었다. 걱정스러운 마음에 주변에서도 다들 말렸다. 그럼에도 그런 결정을 내린 것은 나름 IT 전문가로서 여러 가지 앱을 통해 아이와 소통할 수 있다고 생각했기 때문이다. 딸아이를 보내기 전에 위치 공유, SNS, 긴급 상황에 대비한 여러 가지 앱을 설치했다. 실제로 아이를 보내고 나서 어디에 있는지 실시간으로 위치를 확인했고, 먹고 싶은 음식이 있으면 배달 앱을 통해 바로 배달시켜 주었고, 필요한 물품은 인터넷으로 구매하여 택배로 보내주었다. 실시간으로 연락을 주고받았고, 영상 통화를 통해 얼굴을 보며 소통할 수 있었다. 문제가 생기면 바로 처리했고, 필요한 것이 있으면 곧바로 제공해 주었다. 우리 가족은 온라인을 통해 긴밀하게 연결되어 모든 상황을 공유했다. 같은 공간에 사는 것에 버금갈 정도로 구체적이고 실제적인 정보를 통해 소통하고 있었다.

그러나 이상하게도 시간이 지날수록 큰딸을 향한 '그리움'이 커져

갔다. 계속 연락을 주고받고 시시콜콜한 상황까지 알고 있지만, 아이를 보고 싶은 마음은 이런 정보로 해결될 수 없었다. 이 그리움은 오프라인으로 만났을 때 비로소 해결될 수 있는 것이었다. 직접 오프라인으로 만나는 것, 그 존재가 같은 시간과 같은 장소에 함께 있어야만 느끼는 감정은 온라인이 채워 줄 수 없는 한계다.

그렇다고 온라인이 무용지물이고 필요 없는 것일까? 그렇지 않다. 우리 가족은 온라인을 통해 중요한 문제를 해결하고 필요를 채워 주었다. 만날 수 없는 상황이다 보니 온라인을 통해 소통하는 것이 너무 중요했다. 그런데 온라인으로 연락할수록 딸아이가 더 보고 싶었다. 온라인으로 연락한다고 해서 오프라인의 만남이 불필요하게 느껴지는 것이 아니라 오히려 더 보고 싶고, 더 만나고 싶고, 더 그리웠다. 온라인으로 소통하는 것으로 서로를 더 잘 이해하게 됐고, 오프라인의 만남을 더욱 기대하게 되었다.

딸아이와의 이 경험은 온라인 사역에 매우 중요한 인사이트를 주었다. 우리가 온라인 사역을 하지만 이것은 오프라인의 사역이 더욱 풍성하고 강력하게 되도록 도와야 한다는 것이다. 어떤 사람은 온라인 예배 때문에 오프라인 예배가 없어지지 않을까 염려한다. 또 어떤 사람은 온라인 예배를 드렸기 때문에 오프라인 예배를 드리지 않아도 된다고 생각하기도 한다. 이런 생각은 온라인 사역에 대해 잘못 이해하고 있기 때문이다. 온라인 사역은 오프라인 사역과 상충되며 대척점에 있는 것이 아니다. 온라인 예배와 사역을 통해 우리는 오프라인 예배를 더욱 사모하고 기대하도록 방향을 설정해야 한다. 이런 이해를 갖고 온라인 예배를 생각하고 준비해야 한다. 다시 말해 온라인 예배를 오프라인 예배로 대체할 수 있다고 생각하는 것이 아니라 오프라인의 예배를 도울 수 있는 도구로 최대한 활용해야 한다.

사실 온라인 사역은 오프라인 사역이 있어야 의미가 있다. 남녀가 만나 사랑하는데 멀리 떨어져 지낸다고 가정해 보자. 그들은 SNS를 통해 계속 연락을 주고받으며 서로의 마음을 나눈다. 그렇다고 해서 평생 오프라인으로 만날 필요가 없다고 생각할까? 아니다. 연락을 주고받을수록 더 만나고 싶을 것이다. 온라인이든 오프라인이든 더욱 사랑하는 것이 중요하다. 이렇듯 온라인과 오프라인을 함께 활용해야 한다. 우리가 하나님 앞에 나아가 그분을 예배하고, 그분을 사랑하는 것도 마찬가지다. 더욱이 최근의 경우 코로나19로 말미암아 오프라인으로 모이기 어려울 때는 온라인 예배를 더욱 잘 활용해야 한다. 중요한 것은 예배를 '어디서 드리느냐'가 아니라 '어떻게 드리느냐' 하는 문제다.

4. 온라인 예배는 어렵다

온라인으로 따뜻한 정보를 주고받는 것은 어렵고 한계가 있다. 더군다나 예배는 찬양이나 설교를 보고 듣는 차가운 정보를 받는 것으로 만족할 수 없다. 예배 인도자들의 찬양, 기도, 말씀의 선포에 마음이 담겨야 하고, 예배자 역시 마음과 중심으로 반응하는 따뜻한 소통이 필요하다. 거룩한 하나님의 임재와 그 앞에 엎드려 경외함과 두려움으로 예배를 드려야 하는데, 그것을 온라인으로 담아낸다는 것은 쉽지 않은 일이다. 온라인으로 예배하는 것은 여러 가지 어려운 측면이 있다. 그러므로 온라인 예배는 정말 잘 준비하고, 더 잘 드리기 위해 신경 써야 한다. 우리가 온라인 예배를 잘 드린다면 하나님이 기뻐하시는 예배자로 훈련될 수 있다. 또한 오프라인 예배를 더욱 기대하게 될 것이다. 가장 본질적 목적인 어떤 상황과 형편에서도 하나님을 예배하고, 그분을 경배하고, 사랑하는 하나님의 사람으로 세워져 나갈 것이다. 온라인 예배를 바르게 드리기 위한 몇 가지 제안을 하고자 한다.

5. 예배자를 위한 제안

1) 코람데오(Coram Deo), 하나님 앞에서 두려움으로 예배하라

온라인 예배의 가장 큰 맹점은 아무도 보지 않는다는 것이다. 혼자 앉아서 스마트폰이나 컴퓨터를 보며 예배드리기 때문에 예배의 태도가 무너지기 쉽다. 대충 잠옷이나 집에서 입는 옷을 걸친 채 씻지도 않고, 심지어 소파에 반쯤 누워 음식을 먹으면서 예배드리겠다고 컴퓨터 앞에 앉아 있는 사람도 있을 것이다. 이런 예배를 '영과 진리'로 드리는 예배라고 보기는 어렵다. 그래서 온라인 예배는 진정한 예배가 아니며 불가능하다고 주장하는 사람들이 있다. 그렇다면 이 사람이 오프라인 예배를 드리면 괜찮을까?

개인적인 생각이지만 이 사람은 오프라인으로 예배해도 마찬가지일 것이다. 하나님께 예배드리는데 왜 이런 태도가 나올까? 온라인 예배이기 때문에 그런 것이 아니라 올바른 예배의 자세가 훈련되어 있지 않기 때문이다. 여태껏 오프라인으로 예배드릴 때 교회에 출석만 하면 예배드렸다고 생각했을 것이다. 예배 시간에 자든, 스마트폰을 하든, 다른 생각을 하든, 교회 본당 의자에 앉아 있기만 하면 주일성수를 했다고 생각하던 사람들은 주일에 스마트폰 화면 보는 것만으로 주일성수를 했다고 생각할 것이다. 그래서 뭘 하고 있든 스마트폰 화면만 켜놓고 쳐다보면 된다고 생각하는 것이다. 이것은 온라인, 오프라인의 문제가 아니라 예배자의 태도에 대한 문제다. 미안하지만, 하나님은 이런 예배를 기뻐하지 않으실 것이다. 예배자의 중심에 하나님을 경외함이 없기 때문이다.

경외함은 하나님을 두려워하는 마음이다. 이는 무서워서 두려워하는 게 아니라 하나님의 거룩함과 광대하심 앞에 엎드린 보잘것없는 피조물로서 우리 자신을 발견할 때 오는 두려움이다. 하나님의 가득한 영광 앞에 고개를 들 수 없는 두려움이다. 그 두려움으로 하나님을 예배해야 한다. 온라인으로 예배할 때도 마찬가지다.

우리는 하나님을 예배한다. 온 세상 만물을 창조하고 온 우주를 다스리는 광대하신 하나님을 예배하는 시간임을 분명히 인식하고 온라인 예배에 참석해야 한다. 이 중심이 잡히면 다른 것은 자연적으로 준비된다. 집에서 혼자 온라인으로 예배에 참석하더라도 제대로 씻고, 단정한 옷을 입고, 온라인 화면에 집중하면서 마음으로 말씀을 받고, 함께 찬양하고 기도하며 예배에 참여할 수 있게 될 것이다. 광대하신 하나님 앞에 지금 예배자로 선다는 중심이 바로 설 때 우리는 온라인이든 오프라인이든 하나님을 예배하게 된다.

아무도 보지 않는 온라인 예배의 환경은 예배의 태도를 흐트러뜨릴 수도 있지만, 정반대로 하나님께 더욱 집중하게 만들 수도 있다. 하나님과 나만이 만나는 은밀한 골방이 될 수 있기 때문이다. 온라인 예배는 보는 눈이 없기 때문에 솔직해질 수 있다. 온라인 예배를 통해 남들의 시선 때문에 예배하는 척, 기도하는 척, 말씀을 듣는 척했던 우리의 껍질과 가식을 벗어던지고 하나님 앞에 진솔한 단독자로 서서 예배드릴 수 있다. 그러므로 온라인 예배는 더 본질적인 예배를 드리도록 우리를 훈련시킬 수 있다. 온라인 예배는 자신의 믿음이 어떠하며, 예배에 대한 마음이 어떠한지를 점검하는 좋은 기회가 될 수 있다. 온라인 예배에서도 여전히 하나님 앞에 서서 영과 진리로 예배하는, 하나님이 찾으시는 그 예배자가 되어야 한다.

2) 예배에 집중할 수 있는 환경을 조성하라

오프라인 예배에는 넓은 본당, 훌륭한 음향, 자막, 영상, 강대상과 조명, 편안한 의자 등 좋은 환경이 갖춰져 있다. 반면 온라인 예배는 보통 집에서 드리기 때문에 예배에 맞춘 공간이 되어 있지 않다. 그렇다 보니 예배에 집중하기 위한 환경을 준비할 필요가 있다. 우리는 마음은 원하지만 육신이 약하기 때문에 환경이 갖춰져 있지 않으면 쉽게 집중력을 빼앗긴다.

온라인 예배를 드릴 때는 가능하면 큰 화면으로 드리는 것이 좋다. 예배에 집중하고 몰입해야 하는데, 스마트폰은 화면이 작고 소리도 작아서 집중하기가 어렵다. 한 시간 예배를 드리고 나면 목, 어깨, 허리까지 온몸이 뻐근하다. 그러므로 화면이 큰 TV에 연결하거나 노트북이나 컴퓨터를 사용해 가능하면 큰 화면으로 예배드리자.

예배의 순서에 따라 일어서거나 손을 들기도 하고 찬양을 따라 부를 수 있도록 독립된 공간이 좋다. 카페나 공공장소에서 온라인으로 예배드리는 경우도 있는데, 이는 화면을 보기만 하고 찬양을 따라 부르거나 어떤 반응을 보이기 어렵기 때문에 추천하지 않는다. 가능하면 자신의 방이나 거실 등 독립된 공간에서 예배드리는 것이 좋다.

좋은 스피커를 설치하라. 안 되면 이어폰을 꽂는 것이 더 좋다. 스마트폰은 소리가 작아서 설교 말씀을 정확하게 듣기 어렵다. 볼륨을 약간 크게 해서 말씀과 찬양 소리가 잘 들리도록 하고, 찬양을 부르거나 기도할 때 소리를 내거나 따라 하는 것이 부담스럽지 않도록 스피커 볼륨을 높여 놓는 것이 좋다. 그리고 요즘 예배 시간이 그리 길지 않으니 스마트폰의 각종 알람은 꺼 놓길 바란다.

3) 함께할 수 있는 사람이 있으면 더욱 좋다

혼자서 온라인으로 예배드리는 것은 쉽지 않다. 예배 시간에 집중력을 잘 유지하려면 훈련이 필요하다. 믿음이 아직 어린(?) 사람은 온라인 예배가 정말 어렵다. 그래서 가능하면 온라인 예배를 함께 드릴 수 있는 사람이 있으면 좋다. 가족이 함께 드릴 수 있으면 좋고, 가까운 교우가 있으면 두세 가정이 모여 함께 예배드리면 더욱 좋다. 그러면 서로에게 도전이 되고, 서로에게 가이드가 되어 줄 수 있다. 집이 가까운 몇 가정이 함께 모여 온라인으로 예배드린다면 오프라인과 온라인 예배의 장점을 잘 활용할 수 있다.

4) 가족이 함께 예배를 드린다

온라인 예배는 대부분 집에서 드린다. 그러므로 가정예배 회복의 기회가 된다. 하나님이 우리 가정을 회복시키기 위해 이런 일을 일으키신 것이 아닌가 싶을 정도로 온라인 예배는 가정예배에 유익하다. 대부분의 교회에서는 교육기관별로 나뉘어 예배를 드린다. 부모는 대예배에 참석하고, 아이들은 각자의 기관에서 예배드린다. 그렇다 보니 부모는 아이들의 신앙 상태나 예배를 점검하는 것이 어렵다. 대부분 교육기관에 맡겨 놓으면 신앙이 성장할 것으로 생각하지만, 실상은 그렇지 못하다.

교회학교는 학원처럼 신앙 성장을 맡겨 놓는 위탁기관이 아니다. 교회학교는 영적 사명감을 갖고 아이들을 신앙적으로 양육해야 하지만, 아이의 영적 책임은 일차적으로 부모에게 있다. 교회의 교육기관은 신앙교육을 위탁하는 곳이 아니라 부모가 신앙적으로 아이를 양육하도록 돕는 영적 양육 파트너다. 부모는 아이의 영적 성장에 깊은 관심을 가져야 한다. 이런 측면에서 온라인 예배는 가족이 함께 모여 예배함으로써 아이들에게 훌륭한 예배 교육이 될 수 있다. 예배를 드리는 자세가 어떠해야 하는지 부모가 직접 보여 줄 수 있고, 아이의 예배 태도가 어떤지 점검할 수도 있다. 이때 몇 가지 유의할 점이 있다.

① **너무 강요하지 마라**: 특히 대예배는 장년을 위한 예배라서 아이들이 예배에 참여하고 말씀을 듣는 것이 어렵다. '주일성수'를 율법적으로 적용하여 억지로 온라인 화면을 보게 하면 오히려 예배에 대해 반감을 갖게 되는 역효과가 일어날 수 있다.

② **아이들에게 맞는 예배의 수준을 제공해 주라**: 가능하면 아이의 수준에 맞춘 교육기관의 온라인 예배를 부모가 함께 참석하는 것이 좋다.

교회 규모가 작아서 교육기관별로 온라인 예배를 제공하지 못한다면 본교회 대예배에 참석하고, 타 교회의 교육기관 예배를 참석하게 하는 것도 좋은 방법이다. 교육기관 예배를 그냥 스마트폰에 플레이시켜 주고, TV 프로그램 보듯 시청만 하도록 그냥 놔두어선 안 된다.

③ **반드시 부모가 함께 예배를 드리라**: 온라인 예배는 스마트 기기를 통해 드리기 때문에 아이들이 스마트 기기 자체에 빠지기 쉽다. 온라인 예배를 보는 척하면서 게임을 한다거나 SNS를 하는 경우도 많으니 부모가 옆에서 지켜볼 필요가 있다.

④ **기다려 주라**: 온라인 예배는 어렵다. 아이들이 참여하고, 집중하고, 반응하는 것이 쉽지 않다. 예배의 본질을 상기시키며 하나님 앞에서 중심을 드려 예배하도록 말해 주고, 훈련이 될 때까지 기다려 줘야 한다.

6. 예배 인도자(교회)를 위한 제안

온라인 예배를 해야 하는 상황이 되자 많은 교회가 당황했다. 규모가 큰 교회는 전문적인 시설과 인력이 있지만, 대부분의 교회는 전문성이 없기 때문이다. 영상을 실시간으로 송출해야 하는 일은 전문적인 장비와 인력이 필요한 부분이다. 그러나 IT 기술이 발달하고 저렴한 장비가 보급되면서 누구나 쉽게 실시간 영상을 송출할 수 있게 되었다. 이때 교회는 어떤 점에 주의를 기울여야 할까?

1) 장비보다 내용에 집중하라

온라인 예배는 장비와 기술이 반드시 필요하다. 좋은 카메라와 영상 믹서, 자막기, 음향 장치, 조명, 이들 장비를 잘 운용할 줄 아는 전문가 들이 있으면 가장 좋다. 여건이 된다면 최선을 다해 시스템을 준비하고 구축하길 바란다. 하지만 장비와 여건이 갖춰지지 않았다고 해서 온라 인 예배를 드릴 수 없는 것은 아니다. 장비는 스마트폰 1대만으로도 가 능하다. 상황에 따라 준비 목록도 달라진다. 그중 가장 중요한 준비는 '내용'이다. 가능하면 구체적인 큐시트를 작성하는 것이 좋다. 온라인 예배는 오프라인 예배와 비교했을 때 상황과 여건이 다르다. 오프라인 으로 하던 예배 순서를 그대로 하는 경우가 있는데, 상황과 여건을 고 려해 조절할 필요가 있다. 예를 들어 일어서고 앉는 순서가 많은데, 온 라인 예배를 동일한 예배 순서와 멘트로 진행하는 것은 참여율을 떨어 뜨린다.

특히 말씀 선포자가 준비를 잘해야 한다. 오프라인 예배보다 온라 인 예배가 말씀에 대한 집중도가 더 높다. 전달이 더 잘 된다는 뜻이다. 오프라인 예배보다 훨씬 가까운 거리에서 말씀을 듣는 것 같고, 음성 이 더욱 분명하게 전달되기 때문이다. 오프라인으로 들었던 말씀을 온 라인에서 다시 들어 보면 놓쳤던 부분도 들리고 이해가 더 잘 된다. 그 러므로 온라인 예배를 통해 더욱 강력하게 메시지를 전해야 한다. 이 때는 대화 스타일로 하는 것이 좋다. 청중은 화면을 통해 설교자를 바 로 보기 때문에 일대일로 만나는 느낌을 준다. 대화를 나누는 것처럼 질문하고 의견을 물어보는 것도 좋다.

온라인의 특징을 활용해 다양한 미디어나 이미지, 영상 등 콘텐츠를 활용하길 추천한다. 인터넷에는 활용할 수 있는 수많은 자료가 있다. 이런 콘텐츠를 잘만 활용하면 전달력을 높일 수 있다. 온라인에 연결된 상태로 예배드리기 때문에 콘텐츠를 전달할 통로를 이미 확보하고 있는 셈이다.

2) 소규모 온라인 예배 준비

① 스마트폰을 통해 실시간으로 예배 송출하기

가장 간단하게 스마트폰만 있어도 가능하다. 여기에 스마트폰용 마이크와 작은 조명을 추가할 것을 추천한다. 스마트폰만으로 충분히 영상 스트리밍을 송출할 수 있도록 서비스가 잘 되어 있지만, 스마트폰 내장 마이크는 울림이 많고 전달력이 약하다. 시중에 저렴한 스마트폰용 마이크가 많이 나와 있다. 무선 방식으로 된 마이크도 있어 스마트폰을 멀리 두고 사용할 수도 있다. 스마트폰만으로 송출하는 경우라면 외부 마이크 정도는 꼭 설치하길 권한다. 온라인을 통해 전달되는 정보는 크게 영상과 음성 정보로 나뉘는데, 온라인 예배는 영상보다 음성이 더 중요하기 때문이다. 화질이 나쁜 것은 그나마 괜찮지만, 음성이 울리고 뭐라고 하는지 알아들을 수 없다면 예배에 집중하기가 어렵다.

② 소규모 스트리밍을 위한 기본 장비 준비하기

작은 교회라도 소규모의 음향 장비가 있고 노트북 정도는 있다. 그렇다면 노트북을 활용해 더욱 질 높은 영상을 송출할 수도 있다. 노트북에 있는 화상캠을 활용할 수도 있지만 화질이 낮기 때문에 카메라를 준비하는 것이 좋다.

- 카메라는 가격과 기능, 용도 등이 아주 다양하다. 가격이 올라갈
  수록 더욱 좋은 화질과 기능이 제공되겠지만, HDMI로 출력이 가
  능한 정도의 카메라면 된다. 작은 규모의 교회라면 스마트폰을 캠
  코더처럼 활용할 수도 있다. 스마트폰의 화면을 HDMI로 출력할
  수 있는 젠더를 구입해 준비하면 된다.
- PC(또는 노트북)가 있고 인터넷이 연결되어 있어야 한다. 너무 오래
  되거나 성능이 낮은 PC는 느릴 수 있고, 인터넷이 느리면 스트리
  밍할 때 버퍼링이 생길 수 있다. 세팅이 완료되면 테스트를 통해
  이런 점을 점검해 보아야 한다.
- 카메라와 PC를 연결하는 캡처보드가 있어야 한다. 캡처보드도 성
  능과 가격대가 천차만별이다. 소규모로 진행한다면 저렴한 외장
  형 캡처보드를 추천한다. 고성능 캡처보드는 PC 내장형이 많다.
  외장형 캡처보드는 성능이 떨어지지만 노트북과 연결이 가능하고
  이동도 편하다. 교회에서 실시간으로 송출할 수 있는 정도라면 충
  분하다. 외장형 캡처보드의 INPUT에 HDMI 케이블을 이용해 카메
  라와 연결하고, USB 단자를 통해 노트북과 연결하면 된다. 이렇게
  하면 노트북 으로 영상 입력이 가능하다.[21]
- 이제 오디오를 노트북에 입력해야 한다. 교회에 있는 음향 시설

• • •

21 "소규모 개척교회는 실시간 온라인 예배를 어떻게 진행할까?"- https://m.post.naver.com/viewer/
    postView.nhn?volumeNo=27838910&memberNo=639132&vType=VERTICAL.(2021년 7월 22일
    에 접속)

(믹서)에 따라 다른데, 오디오 믹서에 USB 단자가 있으면 바로 노트북과 연결할 수 있다. 만약 아날로그 믹서의 경우 USB 단자가 없을 수도 있는데, 이때 오디오 인터페이스가 필요하다. 이는 믹서에서 나오는 오디오 신호를 받아서 노트북으로 보내 주는 역할을 한다.[22]

- 이제 대략적인 준비는 끝났다. 이제 소프트웨어를 설치해야 한다. 우선 캡처보드와 오디오 믹서에 해당하는 드라이버를 다운받아 노트북에 설치해야 한다. 제조사별로 제공하는 드라이버가 있다. 보통 제조사의 홈페이지에서 다운받아 설치하면 된다. 드라이버를 설치하면 PC에서 해당 기기들을 사용할 수 있다. 이를 유튜브나 페이스북 등의 플랫폼으로 스트리밍하기 위한 소프트웨어가 필요하다. 무료와 유료 여러 가지 프로그램이 있는데, OBS Studio라는 프로그램은 오픈소스로 열려 있어서 무료이고, 기본적인 기능들을 제공하고 있다.[23]

3) 실시간 방송을 송출할 플랫폼 선택하기

이제 준비가 되었다면 어떤 플랫폼을 통해 실시간 예배 실황을 송출할 것인지를 결정해야 한다. 플랫폼마다 특징이 있다.

· · · ·

22 "예배 중계에 깨끗한 소리 보내기"- https://ihtwt.org/2020/09/18/예배-중계에-깨끗한-소리-보내기/.(2021년 7월 22일에 접속)
23 "OBS Studio, 유튜브 실시간스트리밍으로 예배 생방송 하는법"-https://m.blog.naver.com/juwaa1004/221041419555.(2021년 7월 22일에 접속)

① 유튜브를 통한 실시간 방송 송출

유튜브는 가장 많이 사용하는 영상 플랫폼이다. 교회에서도 유튜브를 통해 실시간 예배 실황을 보여 주는 경우가 많다. 자체적인 미디어 서버를 통해 방송을 송출하는 것도 좋지만, 미디어 서버를 운영하자면 많은 비용이 든다. 유튜브를 통하면 비용이 들지 않고, 유튜브의 서버가 굉장히 좋아서 서버 때문에 지체되는 경우는 거의 없다고 볼 수 있다. 그리고 성도들의 접근성도 가장 좋다. 유튜브를 통해 실시간으로 영상을 보내는 방법에 대해서는 인터넷에 자료가 많다. 유튜브에서 검색해 10분 정도만 투자하면 방법을 터득할 수 있다. 몇 가지 옵션과 기능이 있는데, 자료가 많아서 쉽게 익힐 수 있을 것이다.

유튜브는 단방향 스트리밍으로 사용하기에 좋다. 교회에서 성도들에게 일방적으로 송출하는 것이다. 스트리밍을 하면서 참여자들이 댓글 형태로 참여하는 것이 가능하지만 예배에서는 활용도가 낮다. 예배 실황을 성도들에게 방송하는 형태의 용도로 사용하면 된다. 필요에 따라 예배 영상을 미리 녹화해 파일을 올려놓고 성도들이 예배에 참여하도록 할 수도 있다. 실시간 방송 영상은 자동으로 유튜브에 저장된다. 예배가 끝난 뒤에도 성도들이 원하는 시간에 언제든 예배 영상을 볼 수 있다.

유튜브로 진행할 경우 성도들이 참여하기 위해 동영상의 주소(URL)을 알고 있어야 한다. 아니면 교회에서 만든 유튜브 채널을 구독하도록 해서 찾아오거나 검색을 통해 찾아와야 한다. 또한 홈페이지에 링크를 걸어 두면 쉽게 찾아올 수 있다.

유튜브로 올린 영상은 채널에 저장된다. 이 채널을 잘 관리하면 이후에도 다양하게 활용이 가능하다는 장점이 있다. 유튜브의 채널도 홈페이지처럼 소개하고 홍보할 수 있는 공간으로 활용되기 때문이다.

② 페이스북을 통한 스트리밍 서비스

페이스북도 유튜브와 유사하게 스트리밍으로 영상을 보여 줄 수 있다. 페이스북에서 영상을 보여 주는 것은 페이스북 앱에서 라이브 버튼만 누르면 곧바로 가능하기 때문에 가장 간단하다. 특별한 설정이나 기능 없이 바로 실시간으로 영상을 송출할 수 있다. 그러나 페이스북으로 영상을 송출하려면 교회의 계정과 성도들이 미리 [친구]로 연결되어 있어야 한다. 라이브 영상을 시작하면 연결된 모든 페이스북 친구에게 라이브 영상이 시작되었다는 메시지가 전달되기 때문에 바로 참여 가능하다. 실시간 라이브로 송출한 영상은 저장되기 때문에 온라인 예배를 마친 후에도 원하는 시간에 영상을 볼 수 있다.

그러나 페이스북은 SNS 구조이기 때문에 올렸던 영상은 타임라인으로 저장되어 이전 게시물을 보는 것이 쉽지 않고, 검색 기능이 떨어진다. 이전의 친구관계가 아니라면 검색을 통해 찾아오는 게 어렵다.

③ 줌을 통한 실시간 예배

줌은 실시간 화상회의 시스템이다. 코로나19로 비대면 모임이 늘어나면서 굉장히 많이 사용하고 있다. 줌은 관리자가 방을 만들어 참석할 수 있는 주소를 보내 주면 참여할 수 있다. 계정은 무료로 만들 수 있지만 무료 계정은 최대 참여 인원이 100명 이하이고, 모임 시간도 40분으로 서비스가 제한된다. 인원과 시간 제한은 유료화로 전환하면 풀린다.

지불하는 금액에 따라 최대 1,000명이 참석할 수 있는 방을 만들 수도 있다.

줌은 참여하는 모든 사람이 서로의 얼굴을 보면서 진행할 수 있다는 장점이 있다. 방송이 일방적으로 진행되지 않기 때문에 참여한 사람들이 실시간으로 동참하고 반응할 수 있다. 예배에 있어 차가운 정보가 아니라 따뜻한 정보로 소통하고자 한다면 줌을 활용하는 것이 좋다. 서로 얼굴을 보면서 진행하기 때문에 오프라인으로 만난 듯한 느낌을 준다. PC에서 줌을 실행하면 최대 49명을 한 화면에 띄울 수 있고, 그 수가 넘어가면 다른 페이지로 넘기면서 서로의 모습을 확인할 수 있다. 예배 인도자는 참여자들의 반응을 곧바로 확인할 수 있어 현장감을 느낄 수 있다. 예배 참가자들은 실시간으로 자신의 얼굴이나 상황이 공유되기 때문에 다른 일을 할 수 없고 예배에 집중하게 된다. 무엇보다 목사님을 비롯한 모든 성도가 함께 얼굴을 보며 교제하고 서로의 존재를 확인할 수 있어 예배에 적극적으로 참여하게 된다.

그러나 유의해야 할 점이 있다. 줌은 모든 인원이 함께 온라인 공간에 모여 소통하기 때문에 자칫하면 혼잡하고 무질서해질 수 있다. 만약 500명 정도가 줌의 한 방에 모인다면 한 페이지에 49명씩 세팅해도 10페이지가 된다. 방장이 마이크 컨트롤을 잘못하면 아무나 마이크를 켜서 말할 수 있기 때문에 예배에 방해가 될 수도 있다. 개인적으로는 100여 명까지 줌으로 해도 무방하지만 200-300명이 넘어가면 줌으로 예배드리기에 다소 무리가 따를 것 같다. 줌으로 예배드리기 위해서는 모든 참여자에게 마이크 사용이나 발표자 화면 사용 등에 대한 가이드를 주어 혼란을 막고, 질서 있게 진행해야 한다.

교회에서 줌으로 예배를 진행한다면 여러 개의 모니터를 준비해 예배 인도자가 참석한 성도들을 확인하는 것이 좋다. 온라인 예배를 진행할 때 가장 어려운 것이 성도들의 반응을 확인할 수 없다는 점이다. 줌은 이런 문제점을 어느 정도 해결해 줄 수 있다. 그래서 줌으로 예배를 드릴 때 다 함께 손 머리 위로 하트를 그리거나 모두 활짝 웃는 등 반응을 함께 확인하며 진행한다면 온라인 예배를 통한 유익을 더 많이 누릴 수 있다.

대부분의 스트리밍 영상 서비스는 단방향으로 방송을 전달하는 형태로 되어 있다. 그렇다 보니 참여한다는 느낌보다 시청한다는 느낌이 강하다. 성도들은 마음이 해이해지기 쉽고, 예배와 설교가 차가운 정보로써 일방적으로 전달하는 데 그치기 쉽다. 더군다나 미리 녹화해서 유튜브로 송출하는 경우도 많은데, 이는 예배의 역동성을 살리기 어렵기 때문에 추천하고 싶지 않다. 개인적으로 줌을 통해 예배드리길 추천한다. 규모가 큰 교회에서는 줌으로 예배하는 것이 어렵지만, 300명 미만의 교회라면 줌을 추천한다. 실시간으로 얼굴을 보며 대화할 수 있기 때문에 온라인이지만 오프라인의 느낌을 줄 수 있는 플랫폼이다. 예배 인도자도 실시간으로 피드백을 받을 수 있기 때문에 효과적이고, 예배 참여자들도 몸가짐과 마음가짐을 새롭게 할 수 있기 때문에 온라인을 통해 어느 정도 상호 교감을 만들어낼 수 있다. 최근 청소년 집회는 줌을 통해 진행되는 경우가 많다.

유튜브를 통한 일방적인 스트리밍과 달리 상호 교감이 이루어져 인도에 따라 반응을 주고받을 수 있다. 관리자는 참여자들에게 카메라 화면뿐 아니라 컴퓨터 화면을 공유하여 프레젠테이션을 하기에도 유용하고 사용자들에게서 피드백을 받기에도 좋고, 소그룹으로 묶어 따로 방을 만들어 보낼 수도 있다. 줌은 회의를 위한 플랫폼으로 온라인 예배를 드릴 때 유용한 측면이 많다.

7. 온라인 예배를 넘어 온라인 사역으로

코로나 사태를 경험하면서 여러 모임이 비대면으로 넘어가고 있다. 예배뿐 아니라 이제는 교회 사역도 온라인 사역으로 전환이 일어날 것이다. 그렇다면 오프라인 교회와 모임이 사라지게 될까?

서론에서 언급한 대로 온라인과 오프라인은 서로 대치되는 개념이 아니라 온라인을 통해 오프라인을 더욱 확대하고 강화시킬 수 있다. 오프라인을 위해 온라인이 존재하는 것이다. 교회의 오프라인 사역은 주일에 집중적으로 이루어졌다. 이제 온라인 사역이 확대된다면 매일 더욱 활발하게 사역이 일어날 것이다. 이미 온라인에서는 단순히 연락을 주고받는 수준을 넘어 영적 교제를 나누고, 모임을 가지고, 영적 양육이 일어나고, 제자 훈련을 하기도 한다. 온라인을 통해 사람들을 위로하고, 복음을 전하고, 멀리 떨어진 선교지의 사역에도 동참하게 될 것이다. 이런 온라인의 사역과 모임을 통해 주일의 오프라인 예배와 모임이 더욱 풍성하고 역동적으로 나타날 것이다. 이는 교회의 사역에 있어 오프라인을 넘어 온라인을 활용해야 한다는 뜻이다.

실제로 미국의 Life.church는 온라인 사역을 매우 중요하게 여겨 이를 활용하고 있다. 전 세계적으로 가장 많이 사용하고 있는 성경 앱인 'YouVersion Bible'을 개발하고 제공하는 Life.church는 온라인 사역을 통해 급성장한 교회다. 개척 20년여 년 만에 10만 명이 출석하는 교회로 성장했는데, 독특하게 이들은 미국 전역에 30개 캠퍼스를 만들고 온라인으로 소통하는 형태를 갖고 있다. 최근 이들은 churchonlineplatform.com을 통해 Life.church가 가진 온라인 교회 플랫폼을 오픈했다. 누구나 신청하면 Church Online 내에 계정을 만들어 온라인상의 교회 모임을 오픈하고, 이 플랫폼을 활용해 메시지와 나눔, 교제 등 여러 사역을 할 수 있다.

그러나 계정을 만들고 적용할 때 그 단계가 복잡한 편이고 영어만 지원하고 있어 한국에서 바로 적용하기에 다소 어려워 보인다. 중요한 것은 온라인 사역에 대한 다양한 시도가 이루어지고 있으며, 이것이 새로운 시대를 살아가는 사람들에게 적합한 형태를 갖기 때문에 그 영향력이 크다는 점이다.

온라인 사역을 준비할 때 유의할 사항은 오프라인 사역과 교회를 지향해야 한다는 것이다. 어느 목사님이 네이버 밴드를 통해 교회를 개척했다는 소식을 들었다. 돈도 없고 건물을 유지하는 것도 어려워 그냥 네이버 밴드 안에서 교회를 개척해 온라인으로만 교회 사역을 해보겠다는 의도였다. 설교도 하고 온라인에서 나눔도 하고 양육, 심방, 교제도 모두 밴드 안에서 이루어지도록 했다. 이런 온라인 사역은 잠시 동안은 가능하겠지만 이것으로 오프라인 교회를 대체하거나 대신할 수는 없다. 아마 온라인으로 개척해도 오프라인으로 만남이 이뤄질 것이다.

온라인 사역을 통해 편해지고 더 나아가 게을러지는 것이 아니라 더욱 열심을 다해 하나님을 사랑하고 말씀대로 살아가고 복음을 전하는 일들이 일어나도록 해야 한다. 온라인 사역을 통해 하나님이 새로운 시대에 새로운 복음 전파를 이뤄 가실 것으로 기대한다.

인간은 온라인으로 받는 정보만으로 만족할 수 없다. 그 외에도 우리가 느껴야 하는 수많은 감정과 느낌이 있기 때문이다. 그러므로 온라인 사역을 통해 오프라인 사역이 더욱 풍성해지도록 만들어야 한다.

8. 새로운 기대

코로나 시대를 경험하면서 우리는 대면 예배가 불가능한 상황을 만났고, 대안으로 온라인 예배를 드릴 수밖에 없었다. 그러나 이것이 우리에게 기회가 되고 있다. 온라인 예배를 통해 우리는 예배의 본질을 회복하고, 어떤 상황에서도 하나님을 예배하는 예배자로 더욱 훈련되고 있다. 하나님은 언제나 어디서나 누구나 예배할 수 있는 상황을 만드시고, 우리가 그렇게 예배할 수 있도록 훈련시키신다. 온라인 예배를 드리는 것이 쉽지 않지만, 우리가 하나님을 더 사랑하고 그분께 나아갈 수 있는 또 하나의 방법임에 틀림없다.

지금도 역사를 주관하시는 하나님의 주권을 신뢰해야 한다. 하나님은 4차 산업혁명의 새로운 시대를 여시고, 초연결사회로 전 세계를 빠르게 변화시키고 계신다. 땅끝까지 복음을 전해야 하는 우리에게 하나님이 IT 기술을 통해 땅끝까지 길을 열어 놓으셨다. 이 시대를 복음으로 살아내고 정복하고 다스릴 하나님의 군사들을 기대한다.

Chapter 10.

DDBC(데일리 드라마바이블 커뮤니티) :

헤쳐 모여! 공동체 성경 읽기

전생명(선교사, 전 FMnC 선교회 대표)

1. 서론

데일리 드라마바이블 커뮤니티(DDBC)는 공동체(커뮤니티) 멤버들이 매일 성경 말씀을 읽고(듣고) 권하고 나누고, 그 말씀으로 교제하며, 말씀을 통해 양육 받는 사역이다. DDBC는 드라마바이블 앱을 개인적으로 사용하는 것이 아니라 '공동체 성경 읽기'(PRS)를 온라인을 활용해 공동체가 함께 매일 성경을 읽는 사역이다. 그러므로 DDBC를 이해하기 위해 공동체 성경 읽기를 이해해야 한다. 공동체 성경 읽기란 무엇인가? 다음은 드라마바이블 앱 가운데 공동체 성경 읽기를 소개한 글이다.

> 사도 바울이 디모데에게 이른 말이다. "내가 이를 때까지 읽는 것과 권하는 것과 가르치는 것에 전념하라"(딤전 4:13). 이 구절뿐 아니라 수많은 말씀을 통해 하나님은 우리에게 성경을 어떻게 읽어야 하는지 알려주신다. 성경에 따르면 '같이 모여서 말씀을 읽는 것'이 성경을 읽는 가장 좋은 방법이다. 이것을 바탕으로 우리가 제안하는 것이 바로 공동체가 모여 함께 말씀을 읽는 '공동체 성경 읽기'다.

공동체 성경 읽기는 곧 사도 바울이 영적 아들인 제자 디모데에게 이른 말처럼 성경을 읽는 것이고, 성경 읽기를 권하는 것이며, 이를 통해 성경 말씀이 우리를 가르치도록 하는 것이다.

무엇 때문에 공동체 성경 읽기를 해야 하는가? 그 효과는 어떠한가? 첫 번째, 꾸준히 성경을 읽게 된다. 두 번째, 성경의 모든 부분을 읽게 된다. 세 번째, 함께 읽고 서로 나눌 수 있다. 네 번째, 다른 형제자매를 통해 말씀을 더 깊이 이해하고 깨닫게 된다.

고든콘웰신학교의 제프리 아서(Jeffrey Arthurs) 교수는 공동체 성경 읽기에 대해 "우리는 말씀을 공식적·공개적으로 읽도록 명령을 받았다. 우리가 함께 성경을 읽을 때 하나님의 사람들이 해 온 일들을 동일하게 할 수 있다. 모세, 여호수아, 느헤미야, 예수님 모두 공동체와 함께 말씀을 읽으며 듣고 행했다"라고 말했다. 목회자의 목사라고 불리는 유진 피터슨은 "하나님의 말씀은 공동체에서 낭독되어야 한다"라고 말했다. 디트리히 본회퍼도 성경을 읽는 것에 대해 "모일 때마다 시편과 구약과 신약 말씀을 길게 봉독해야 한다"라고 말했다. 이들 세 사람의 권면을 참조하여 공동체 성경 읽기를 위한 앱인 '드라마바이블'을 미국의 풀러신학교 교수들과 함께 개발했다. 드라마바이블 앱은 커뮤니티 성경 읽기 기능을 이렇게 소개하고 있다.

> "시편을 기도문으로 활용하여 시작과 마지막에 읽고, 성경 속 배경과 내용의 연관성에 따라 구약과 신약을 재구성한 성경 통독 길잡이다."[24]

이런 공동체 성경 읽기(PRS)를 디지털 전환(변혁)한 것이 데일리 드라마바이블 커뮤티니(DDBC)다. 이를 통해 사람들이 언제 어디서나 성경을 읽을 수 있고, 읽은 성경 말씀을 통해 매일 깨달은 것을 함께 나눌 수 있다. 곧 이 시대와 이 세대에 맞도록 적용한 공동체 성경 읽기 방법론이다.

● ● ●

24 드라마바이블 커뮤니티 성경 읽기 소개 글이다.

2. DDBC의 특징

DDBC의 특징을 정리하면 다음과 같다.

첫째로 시간이나 장소에 관계없이 성경을 읽을 수 있다. 드라마바이블 앱 등을 통해 자신이 편한 시간에 편안함을 느끼는 장소에서 성경을 자유롭게 들을 수 있다.

둘째로 내가 듣고 깨달은 성경의 은혜를 애플리케이션이나 소그룹 채팅방 등을 이용하여 언제 어디서나 자유롭게 나눌 수 있다. 정해진 분량이 있어 매일 성경을 듣다 보면 하나님의 말씀을 사랑하게 되고, 그 말씀을 듣고 순종하는 능력

[그림 10-1] 드라마바이블 앱의
커뮤니티 성경 읽기

이 생긴다. 그러다 보면 주님의 말씀을 따라 살면서 삶이 변화하는 은혜를 누릴 수 있게 된다.

마지막으로 매일 정해진 분량의 성경을 꼬박꼬박 듣다 보면 말씀 전체를 비교적 빠른 시간에 읽을 수 있게 된다. 이를 통해 성경 전체를 보며 말씀을 이해하는 안목도 생긴다.

3. DDBC 운영법

DDBC 운영법은 다음과 같다.

코치가 주도적으로 소그룹을 만든다. 소그룹 인원은 6-12명 정도가 적당하다. 그룹이 꾸려지면 구성원은 정해진 기간(97회, 122회, 200회) 성경을 듣는 소그룹 활동을 하기 위해 서약서가 포함된 신청서를 작성하여 코치에게 제출한다. 코치는 신청서를 제출한 사람들을 소그룹 멤버로 SNS(예, 카카오톡)에 초대한다. 코치는 DDBC의 지침을 숙지하고, 소그룹 멤버들이 매일 성경을 듣고 나누도록 독려하며 중보기도하는 역할을 맡게 된다.

소그룹 코치와 멤버들은 매일(월요일부터 토요일까지) 정해진 분량의 성경을 듣고, 자신이 들은 드라마바이블 횟수에 대해 출석표(매일 듣기 확인 테이블)에 각자 기명한 후 깨닫고 은혜 받은 내용을 소그룹 SNS(카카오톡)에서 나눈다. 정해진 분량의 성경은 드라마바이블 앱의 커뮤니티 파트에 있는 30분에서 1시간가량의 시편(기도)-구약-신약-시편(기도)으로 구성된 부분이다. 다른 멤버들이 쓴 나눔을 읽고 은혜와 기도 등을 함께 나누며 격려한다.

DDBC 운영 본부는 정해진 기간 성경을 빠짐없이 들은 사람에게 '성경 1독 증서'를 수여한다.

4. 적용 기술

DDBC는 말씀을 함께 듣고 공유하며, 말씀 안에서 공동체와 공동체의 멤버들이 함께 성장하는 방법론이다. 이런 일을 하기 위해 몇 가지 기술과 앱을 다음과 같이 활용한다.

1) 드라마바이블 앱

드라마바이블 앱의 특징은 다음과 같다.

첫 번째는 연기자(연기의 은사를 가진 사람)들이 성경을 드라마 형식으로 연기하고, 각 배역에 따라 성경을 대본으로 연기하며, 배경 음악 등을 통해 입체적으로 성경을 드라마화한 것이다.

두 번째는 스마트 기기(폰, 태블릿 등)를 통해 성경을 보면서 들을 수 있도록 오디오의 흐름에 따라 성경 구절이 자동적으로 바뀌어 쉽게 읽을 수 있는 기능을 제공해 준다.

세 번째는 커뮤니티 성경 읽기 기능으로, 공동체가 정해진 분량을 같이 읽을 수 있도록 순서를 제공해 준다.

드라마바이블 앱의 커뮤니티 기능: 성경 전체를 공동의 예배 형식으로 드릴 수 있도록 구성되어 있다. 매일 시편-구약-신약-시편의 순서로 성경을 읽고, 공동체가 성경을 통해 하나님께 기도하며, 하나님의 말씀을 들을 수 있도록 구성했다. 이런 구성은 풀러신학교의 교수와 연구진들의 연구 결과로 나온 것이다. 하루에 1시간 분량, 50분 분량, 30분 분량으로 나눠 성경 전체를 97회, 122회, 200회로 나눠 들을 수 있도록 구성했다.

그 외에도 다양한 편집 기능과 스트리밍 또는 다운로드 기능을 제공하여 사용자의 편의에 따라 성경을 읽을 수 있다.

그러나 드라마바이블이 자국 언어로 번역되어 있지 않을 경우에는 'Bible.is' 또는 'YouVersion'과 같은 다국어 성경을 이용해 DDBC를 운영할 수 있다. 다만 성경 앱을 이용할 경우 성경 읽는 순서를 정하는 데

[그림 10-2] 드라마바이블 앱의 구성

어려움을 겪을 수 있다. 이때는 공통된 성경 읽기표를 사용하거나 드라마바이블 앱의 커뮤니티 기능에서 제공하는 매일 정해진 '시편-구약-신약-시편' 부분의 성경 읽기 순서를 활용할 것을 권장한다.

우리가 사용하는 공동체 성경 읽기 형태의 드라마바이블 앱은 한국어로 가장 먼저 만들어졌다. 그리고 2021년 3월 기준 중국어 개발이 끝났고, 2022년 상반기 중 중국어 드라마바이블을 출시할 예정이다. 또한 스페인어 드라마바이블이 개발 중인데 2022년에 출시하며, 구전 문화권으로 가장 큰 언어권인 아랍어도 2022년 중 출시할 것을 계획하고 있다.

2) 메신저 기반 SNS 앱

지역별로 주로 사용하는 메신저 기반 SNS는 다양하다. DDBC를 할 경우 각 지역에서 가장 많이 사용하는 메신저 기반 SNS를 선정한다.

아랍 지역에서는 whatsapp, 한국에서는 카카오톡을 선정한다. 이런 메신저 기반의 SNS는 다양한 기능을 가지고 있다.

DDBC에서 사용하는 기능은 다음과 같다. 먼저는 단톡방 기능이다. DDBC를 하기 원하는 사람은 코치에게 개인 톡으로 신청서를 보낸다. 그러면 코치는 신청서를 받아 멤버로 받아들일지 결정한 이후 단톡방에 초청하여 6-12명의 소그룹을 만든다. 단톡방에서 주로 사용하는 기능은 게시판의 공지와 개별 문자다. 게시판의 공지는 주로 코치가 사용하는데, DDBC 운영에 대한 공지와 자료, 출석표를 게시한다. 그러면

신청서

출석표 링크

말씀을 함께 나누는 단톡방

[그림 10-3] 카카오톡 단톡방 활용의 예시

멤버들은 이 게시물을 보고 공지, 출석 등을 확인한다. 또한 멤버들은 자신이 들은 성경 부분에 대해 각자의 진도를 표시한다.

3) 구글 스프레드시트

구글 스프레드시트는 출석표를 만들 때 사용한다. 출석표는 코치가 DDBC의 멤버들을 목록으로 만든다. 가로축은 멤버들의 이름을 기록하고, 세로축은 횟수(일차)를 기록한다. 하루 분량을 모두 들은 멤버는 자기 이름의 횟수(일차)에 표시한다. 코치는 출석표에 올라온 각 멤버의 표시를 보고 성경 듣기 진도를 확인한다. 멤버들이 꾸준히 성경을 듣지 못할 때는 코치가 개인 카톡과 단체 카톡을 통해 꾸준히 성경을 듣도록 독려한다. 이를 통해 모든 멤버가 성경을 꾸준히 들을 수 있도록 돕는다.

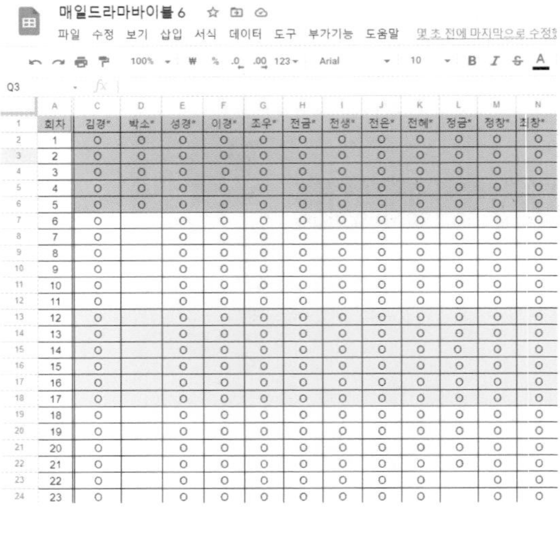

회차	김경*	박소*	성경*	이경*	조우*	전금*	전생*	전은*	전혜*	정금*	정창*	최창*
1	O	O	O	O	O	O	O	O	O	O	O	O
2	O	O	O	O	O	O	O	O	O	O	O	O
3	O	O	O	O	O	O	O	O	O	O	O	O
4	O	O	O	O	O	O	O	O	O	O	O	O
5	O	O	O	O	O	O	O	O	O	O	O	O
6	O		O	O	O	O	O	O	O	O	O	O
7	O		O	O	O	O	O	O	O	O	O	O
8	O		O	O	O	O	O	O	O	O	O	O
9	O		O	O	O	O	O	O	O	O	O	O
10	O		O	O	O	O	O	O	O	O	O	O
11	O		O	O	O	O	O	O	O	O	O	O
12	O		O	O	O	O	O	O	O	O	O	O
13	O		O	O	O	O	O	O	O	O	O	O
14	O		O	O	O	O	O	O	O	O	O	O
15	O		O	O	O	O	O	O	O	O	O	O
16	O		O	O	O	O	O	O	O	O	O	O
17	O		O	O	O	O	O	O	O	O	O	O
18	O		O	O	O	O	O	O	O	O	O	O
19	O		O	O	O	O	O	O	O	O	O	O
20	O		O	O	O	O	O	O	O	O	O	O
21	O		O	O	O	O	O	O	O	O	O	O
22	O		O	O	O	O	O	O	O		O	O
23	O		O	O	O	O	O	O	O		O	O

[그림 10-4] 구글 스프레드시트를 활용한 출석표

5. 발전 방향

DDBC에 참여하는 사람들은 세 가지 앱과 프로그램을 기본적으로 사용한다. 앞으로 드라마바이블 앱 안에 이 세 가지 기능을 모두 넣거나 DDBC를 위한 새로운 앱을 개발할 수도 있다. 이 앱은 드라마바이블의 API[25]를 활용하여 드라마바이블을 듣고, 소통하며, 자신이 들은 성경을 자동적으로 표시하는 기능을 넣어 효과적으로 DDBC을 운영하는 데 도움이 될 것이다.

6. 선교적 사용법

DDBC는 한국에서 시작되었다. 공동체 성경 읽기 기반의 드라마바이블이 최초로 나온 나라가 한국이기 때문이다. 오프라인의 공동체 성경 읽기는 2014년부터 시작되었고, DDBC는 2016년 4월부터 시작되었다.

한국과 선교지에서 온라인 전도를 통해 많은 영혼이 믿음을 갖게 되면서 온라인상의 양육이 절실히 필요한 상황이다. 이런 상황에서 가장 효과적인 양육은 성경 읽기와 성경 듣기를 통한 영혼 양육이다. 이제까지 선교지에서 예수님을 영접한 영혼들을 양육하기 위해 선교사들은 성경 교재를 활용하는 경우가 많았다. 그러나 성경 교재는 각 문화권에 맞춰 민감하게 제작되어야 하기 때문에 성경 교재를 개발하는 데 많은 노력과 시간이 필요하다. 이런 상황에서 DDBC를 활용해 선교

• • • •

25   운영 체계와 응용 프로그램 사이의 통신에 사용되는 언어나 메시지 형식이다.

지의 영혼을 양육하는 것은 매우 효과적인 방법이다. DDBC는 성경 자체가 교재인데, 각 언어별 성경은 각 문화를 고려하여 번역했기 때문이다. DDBC를 활용해 온라인상으로 영혼을 양육하는 것은 유용한 방법임에 틀림없다.

각 언어별 드라마바이블 앱이 개발되기 전에는 Bible.is, YouVersion 등 다국어 앱을 활용하고 풀러신학교에서 개발한 성경 읽기 순서를 활용할 것을 권한다.

7. 선교적 사례와 결과

개인적으로 DDBC를 6회 차 진행했다. 2016년 시작할 때부터 2021년 현재까지 빠지지 않고 계속해 오고 있다. 어느 때는 4-5개 그룹을 동시에 코치하기도 했다. 한 그룹은 대략 6-15명으로 구성된다.

첫 번째 DDBC는 세 누나의 가족들을 포함해 가까운 지인들과 시작했다. 세 누나의 가족들은 모두 신앙생활을 하고 교회를 30년 이상 다니고 있지만 신앙 성장이 거의 없는 상태였다. 예수님을 처음 만났을 때 내가 경험한 복음을 가족들에게 전했다. 그래서 가족들은 내가 전한 복음을 받아들이고 함께 신앙생활을 시작했다. 둘째 누나의 신앙은 꾸준히 성장했지만, 첫째 누나와 셋째 누나는 초신자의 신앙 상태에 머물러 있었다. 그 이유는 성경을 지속적으로 읽지 않았기 때문이다. 그래서 세 누나와 가족들에게 DDBC를 함께할 것을 권했다.

그런데 놀라운 일이 일어났다. 셋째 누나가 DDBC를 통해 말씀의 은혜를 받았다. DDBC에 참여하면서 꾸준히 말씀을 들으며 믿음이 싹

트기 시작한 것이다. 말씀에 감동을 받으면서 삶이 변화되기 시작했다. 셋째 누나는 말씀의 은혜를 받으면서 기도할 수 있게 되었다. 또한 경영하고 있는 회사도 하나님의 말씀에 근거해 경영하려고 노력했다. 셋째 누나의 변화를 보면서 DDBC를 통해 일하시는 말씀의 능력을 체험할 수 있었다. 셋째 누나는 나와 함께 DDBC를 여섯 번 마쳤고, 신약 12독과 구약 6독을 했다.

첫째 누나의 경우 신앙생활의 기복이 심했다. 예수님을 믿으면서도 조울증 증상이 있었다. 그러나 DDBC에 참여하면서 하나님의 말씀을 꾸준히 들었다. 말씀을 꾸준히 듣는 것은 반석 위에 집을 짓는 것과 비교할 수 있다. 얼마 전 큰누나는 신앙의 위기를 경험했다. 나름 열심히 신앙생활을 하다가 종합검진에서 대장암 3기 판정을 받았는데, 대장의 대부분을 절제하는 큰 수술을 했다. 그런데 큰 어려움 가운데서 큰누나의 믿음이 더욱 견고해졌다. 큰누나의 이런 변화는 DDBC를 통해 성경을 꾸준히 들음으로써 나타난 말씀의 능력이라고 믿는다. 예수님이 제자들에게 하신 말씀이 생각난다.

그러므로 누구든지 나의 이 말을 듣고 행하는 자는 그 집을 반석 위에 지은 지혜로운 사람 같으리니 비가 내리고 창수가 나고 바람이 불어 그 집에 부딪치되 무너지지 아니하나니 이는 주추를 반석 위에 놓은 까닭이요 마 7:24-25

얼마 전 끝난 DDBC 그룹에 참여한 미국에 사는 한 멤버는 DDBC를 세 번째 참여하고 나서 "반복해서 여러 번 하는 것이 참 은혜였어요. 혼자는 힘들지만 같이하니 할 수 있는 것 같아요"라고 말했다.

지금 교회 단위로 DDBC를 적용해 진행하는 곳으로 예수큰사랑교회, 행복한제자들교회, 예수비전교회 등이 있다.

8. DDBC의 성공 포인트

DDBC 사역이 원활하게 진행되기 위해서는 다음과 같은 요소가 잘 결합되어야 한다.

가장 먼저 참여하는 각 멤버의 결심이 중요하다. 시작할 때부터 명확한 목표를 가지고 시작하지 않으면 매일 성경을 꾸준히 듣는 것이 어렵다. 그러므로 참여하는 멤버들이 굳은 결심을 가지고 시작하도록 도와야 한다. 참여하는 멤버들에게 참가신청서를 제출하게 하는 것은 이런 결심을 돕는 방법이다. 멤버들은 참가신청서를 작성하고 제출하는 과정을 통해 스스로 의지를 다지게 된다.

두 번째는 코치의 꾸준한 관심과 기도다. 멤버들이 꾸준히 성경을 듣다가도 간혹 못 듣는 날이 있다. 이런 경우 코치는 관심을 가지고 멤버와 대화를 나누면서 진도를 놓치지 않도록 도와야 한다. 어떤 문제가 있는지 파악하고 기도하면서 문제를 해결하고, 계속 들을 수 있도록 이끌어야 한다. 드라마바이블 듣기를 일주일 정도 밀리면 따라가기가 쉽지 않다. 3일 이상 성경을 듣지 못하는 멤버가 있으면 카톡이나 전화를 통해 그들의 상황을 파악하고 기도하며 지원해 주어야 한다.

세 번째는 DDBC 단톡방의 분위기다. 단톡방에서 서로가 받은 말씀과 은혜를 나누면 다른 멤버들도 글을 읽고 도전을 받게 된다. 이는 성경 듣기에 지속적으로 좋은 영향을 준다. 그러므로 서로 격려하는 분위기, 다른 사람들의 글을 읽고 축복하는 단톡방의 분위기를 만들어야 한다.

네 번째는 모든 멤버가 서로를 위해 함께 기도하는 것이다. 꾸준히 하나님의 말씀을 듣는다는 것은 쉬운 일이 아니다. 자신을 위해, 또 다른 멤버들을 위해 기도하는 것이 필요하다. 이것이 바로 공동체다. 공동체가 서로를 위해 기도할 때 알지 못하는 힘을 공급 받게 된다. 하나님은 이런 기도를 기뻐하신다.

한 가지 더 필요한 것이 있다면 DDBC에 활용되는 앱과 프로그램의 사용법을 숙지하는 것이다. 한번 익히면 계속해서 사용하지만 익숙하지 않으면 불편함을 느낀다. 코치는 모든 멤버가 앱(프로그램)을 잘 사용하고 있는지 점검할 필요가 있다.

9. 참고: DDBC 운영법 가이드라인

- DDBC는 한 그룹(통독방: 소그룹)을 최대 12명으로 한다. 12명이 넘으면 통독방(소그룹)을 둘로 나눈다. 그룹을 나눌 때 적당한 코치를 세우는 것이 중요하다. 모든 멤버는 원래 있던 그룹에 속한 상태에서 새로운 멤버들을 모집하여 새 통독 그룹의 코치가 될 수 있다. 새롭게 세워진 코치는 동일한 부분의 성경을 한 번 듣고, 두 그룹에서 나누면 된다.
- DDBC에 참여하는 모든 그룹과 멤버는 같은 날 200회 통독 진도표의 같은 회차의 말씀을 듣는다. DDBC 참여를 원하는 사람은 시간이 정해진 것이 아니므로 언제든지 통독 그룹에 들어와서 그날의 통독 일정에 따라 말씀을 들으면 된다. DDBC 진행 도중에 들

어오는 멤버는 다음 DDBC 그룹에 참여해 1회 차부터 이어서 들으면 200회를 다 들을 수 있다. 이런 시스템을 통해 언제든지 DDBC 그룹에 참여할 수 있다는 장점이 있다.

- 당일 상단 메뉴바에서 200회를 누른 후 해당 회차를 찾아 시편-구약-신약-시편으로 되어 있는 화면에서 전체 듣기를 누르면 순서대로 자동 재생된다. 통독할 성경(예를 들면 마태복음, 창세기 등)이 다운로드되어 있지 않으면 드라마바이블 앱은 자동적으로 서버에 접속해 성경을 들려준다. 와이파이가 없는 지역에서는 데이터를 사용하면 된다. 그러므로 데이터를 자유로이 사용할 수 있는 곳에서 미리 성경 전권을 다운받아 놓는 것을 권장한다.

- 코치는 매주 월요일에 일주일 동안 읽어야 할 '통독 회차'를 통독 카톡방 창에 공지한다. 멤버들은 자기가 속한 DDBC 단톡방에서 그날의 통독을 마치면 출석표에 표시하고, 마음에 와 닿는 성경 말씀이나 묵상한 내용을 올린다.

- DDBC 단톡방의 멤버들은 기도 제목을 단톡방에서 나눌 수 있다.

- 멤버들이 말씀 안에서 가까워지면 오프라인에서도 만나 교제를 나눌 수 있다. 단 이성 간의 교제는 공식적으로 금하며 주님 안에서 건전한 영적 사귐이어야 한다.

- 원래 통독 그룹과 새로 분가한 그룹 양쪽에서 활동하는 코치는 두 개 단톡방에서 활동한다.

- DDBC를 통해 은혜를 받은 멤버들은 지인들과 함께 새로운 DDBC 그룹을 만들 수 있다.

- 새로운 그룹을 만들 때 동성끼리면 좋지만 혼성이어도 상관없다.

[그림 10-5] 드라마바이블 회차 전체 듣기

- DDBC 말씀 듣기는 월요일부터 토요일까지 이루어지며 주일은 쉰다. 이날 멤버들은 일주일 동안 듣지 못해 밀린 부분을 보충해 듣는다.

Chapter 11.

체리 :

블록체인으로 건강한 선교 후원 생태계를 구축하다

이수정(FMnC 스마트 선교사, 이포넷 대표)

1. 서론

전도해 본 사람은 전도하는 것이 얼마나 어려운 일인지 잘 알 것이다. 전도만큼이나 어려운 것이 선교 후원을 요청하는 일이다. 코로나 19 등으로 많은 교회의 재정이 어려워지면서 가장 먼저 줄이는 예산이 선교 후원이라는 말을 자주 듣는다. 그러나 선교 사역을 위해서는 반드시 재정이 필요하다. 이 장에서는 "어떻게 건강한 선교 후원 생태계를 만들어 선교 재정의 건전성을 확보할 수 있을까?" "어떻게 모든 그리스도인이 적은 금액이라도 선교 후원에 참여하게 할 수 있을까?" 두 가지 질문에 대해 고민하고 그 해답으로 찾게 된 '체리'에 대해 소개하려고 한다.

2. 전통적 선교 후원 방식

전통적 선교 후원은 대부분 오프라인을 통해 이루어진다. 선교 후원의 밤 행사나 선교 박람회, 선교 헌금 작정 주일 등을 통해 소개된 선교사나 선교 사역을 후원하게 된다. 그러기 위해서는 후원 요청을 알려야 한다.

선교의 중요성을 인식하면서도 왜 선교 후원은 하지 않는 걸까? 그것은 관심이 없거나 선교 후원이 필요하다는 사실을 잘 알지 못하거나 어디에 후원해야 할지 모르기 때문이다. 또한 관심 있는 선교 사역을 후원하기 위한 방법(계좌번호 등)을 모르거나 적은 금액을 후원할 경우 상대적으로 높은 수수료가 부담되거나 아주 드물게는 후원한 헌금이 어떻게 사용되는지 알 수 없고 신뢰하지 못해 후원하지 않을 수도 있다. 선교 후원 후 소식을 전달받지 못해 관심이 지속적으로 이어지지 못하고 일회성 후원으로 끝나기도 한다.

3. 대표적인 선교 후원 방법

선교 후원을 하고자 한다면 다음과 같은 방법이 있다.

① **CMS**: 오프라인 선교 후원 행사 등에서 CMS 신청서를 통해 정기 선교 헌금을 작정하는 방법
② **ARS**: 방송이나 매체를 통해 후원 소식을 듣고 전화 ARS로 일회성 후원을 하는 방법
③ **계좌 이체**: 선교 후원 계좌를 통해 직접 일회성 계좌 이체를 하거나 정기 이체를 설정하는 방법
④ **오프라인 헌금**: 현금으로 직접 선교 후원을 하는 방법

4. 전통적 선교 후원 방식의 장단점

전통적 선교 후원 방식에는 다음과 같은 장단점이 있다.

후원 방식	장점	단점
CMS	신청서를 통해 약정하는 방식으로 신청 방법이 비교적 간단함	높은 수수료 후원자의 계좌번호 등 개인정보를 제공해야 함

ARS	전화번호만 알면 1통의 전화로 쉽게 후원이 가능함	높은 수수료, 소액 결제만 가능 일회성 후원
계좌 이체	수수료 부담이 낮고 정기 이체가 가능함	후원 계좌번호를 알아야 하고, 후원자가 이체 수수료를 부담해야 함 바로 후원하지 않을 경우 이탈할 가능성 있음
오프라인 헌금	수수료가 전혀 없고, 현금만 있다면 가장 간편함	비대면 시대에 적합하지 않음 현금 없는 사회에 부적합함

[표 11-1] 후원 방식 비교

앞서 살펴본 후원 방식의 장점은 살리고 단점은 보완하는 선교헌금 플랫폼, 즉 다음 조건을 만족하는 선교헌금 플랫폼이 존재한다면 더 많은 그리스도인이 선교 후원에 참여하지 않을까?

– 낮은 수수료(무료면 가장 좋음)

– 손쉬운 후원(계좌를 기억할 필요가 없음)

– 언제 어디서나 스마트폰만 있으면 후원 가능

– 일시 후원, 정기 후원 모두 가능

– 후원자와의 소통 채널이 있어 명확한 사용 계획과 보고, 홍보 가능

– 교회, 성도, 선교 단체, 선교사 모두가 사용하는 플랫폼

5. 블록체인 기술이란 무엇인가?

블록체인 기술은 한마디로 서로 신뢰할 수 없는 환경에서 중립적이고 중앙화된 인증기관 없이 신뢰를 보장하는 기술을 말한다. 간단히

말해 신뢰를 만드는 기계라고도 할 수 있다.[26]

블록체인을 한마디로 표현한다면 '암호화 분산 공유 원장'이라고 말할 수 있다. 여기서 원장은 블록이라고 보면 된다.

- 암호화: 모든 블록은 암호화되어 보안에 강하다.
- 분산: 탈중앙화, 중앙 서버 없이 'Peer to Peer'(P2P)로 모든 노드가 연결되어 있다.
- 공유: 네트워크에 참여한 모든 노드가 원장(블록)을 공유한다.

사례를 통해 블록체인의 원리를 쉽게 설명해 보겠다.

두 사람이 계약서를 썼는데 어느 한쪽이 계약서를 위조·변조했는지 어떻게 알 수 있을까? B가 A에게 100만 원을 빌리고, 이를 증명하기 위해 A와 B가 계약서를 작성해 각각 갖는다. 그런데 B가 계약서를 10만 원 빌린 것으로 위조했다면 어떻게 해야 이런 사실을 알 수 있을까?

[그림 11-1] 블록체인의 이해 1

• • • •

26 〈이코노미스트〉(The Economist), 2015년 10월호.

일반적인 경우 거래 당사자끼리 서로 신뢰할 수 없기 때문에 미들맨(Trusted Third Party)이 필요하다(은행이나 부동산중계인 등). 그러나 이런 경우에는 미들맨에게 수수료를 지급해야 한다.

100만원

미들맨
(Trusted Third Party)

[그림 11-2] 블록체인의 이해 2

만약 동네 모든 사람에게 계약서를 복사해서 다 배포한다면 어떻게 될까? 누구 한 사람의 계약서를 위조·변조하기는 쉬워도 동네 모든 사람(50퍼센트 이상의 사람)의 계약서를 위조·변조하는 것은 어렵다(실제로 블록체인에서는 다음 블록이 생성되기 전까지 네트워크의 50퍼센트 이상의 노드 데이터를 위조·변조해야 하는데, 이것은 사실상 불가능함). 아무리 보안이 강하다고 해도 서버 1대를 해킹하는 것이 보안에 취약한 PC 100만 대를 해킹하는 것보다 쉬울 것이다. 그것도 정해진 시간 안에 말이다. 블록체인이 원장을 네트워크에 속한 모든 노드에 분산하여 공유하면 이런 특징 때문에 블록체인의 내용을 위조·변조하는 것이 불가능하다.

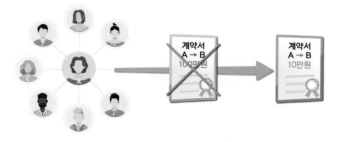

[그림 11-3] 블록체인의 이해 3

블록체인은 다음과 같이 블록(원장)을 계속 연결해 나간다(체인). 그런데 블록에는 이전 블록의 정보가 도장처럼 해시 값으로 함께 담기게 된다. 그래서 어느 한 블록만 고치는 것이 불가능하다(위조·변조 금지). 그림처럼 1번 블록은 0번 블록의 내용을 포함한다. N번 블록은 0번 블록부터 N-1번 블록까지의 내용을 포함하고 있어서 N번 블록을 수정하려면 0번부터 N-1번 블록까지의 내용을 알아야 하며, N번 블록을 수정한다면 N+1번 블록 이후의 모든 블록에 영향을 주어 값이 수정되어야 한다.

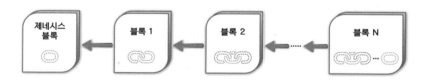

[그림 11-4] 블록체인의 이해 4

블록체인은 이런 특징 때문에 중간의 한 블록을 고칠 수 없고 위조·변조가 불가능하다. 원장의 모든 내용이 공유되어 투명하다. 그래서 기부 등의 투명성이 중요한 시스템에 사용하는 데 딱 맞는 기술이다.

6. 블록체인과 기부

앞서 살펴본 블록체인의 특징처럼 블록체인은 다음과 같은 이유로 기부에 적합한 기술이다.[27]

- 변경할 수 없는 장부(immutable ledger)

- 투명성(transparency)

- 스마트 계약(smart contract)

- 소액 결제(picopayment)

- 전 세계적 펀딩(worldwide funding)

- 탈중개(disintermediation)

7. 블록체인 기반의 선교헌금 플랫폼, 체리

체리는 블록체인 기반의 기부 플랫폼으로 출발했다. 처음 체리를 개발하게 된 동기는 선교헌금 후원 플랫폼을 만들기 위해서였다.

• • • •

27   돈 탭스콧·알렉스 탭스콧, 《블록체인 혁명(Blockchain Revolution)》(서울: 을유문화사, 2018).
    (이 책을 참조해 기부 관련 내용을 정리하여 재구성했다.)

FMnC 선교회에 들어와 주로 한 일이 선교헌금 마련을 위해 물건을 파는 일이었다. "언제까지 이렇게 물건을 팔면서 선교헌금을 모금해야할까?" 이런 고민을 하다가 개발하게 된 것이 체리다. 체리는 탄생부터 선교헌금 모금을 위한 플랫폼으로 기획되었다.

체리는 기부 플랫폼과 선교헌금 플랫폼, 교회 헌금 플랫폼이 하나의 앱 안에 공존한다. 한 사용자가 체리를 통해 일반 기부 단체에 기부할 수도 있고, 교회에 헌금을 할 수 있고, 선교 단체에 선교헌금을 할수 있다. 선교헌금을 내는 사람은 모두 교인이기 때문에 교회 성도들이 헌금을 드리기 위해 사용하는 플랫폼에 선교헌금 플랫폼이 공존한다면 당연히 양쪽에서 시너지가 날 수 있다.

체리는 블록체인 기술을 사용하는 국내 최초 후원 플랫폼으로 블록체인 기술이 보안성과 투명성을 보장해 준다. 앞서 살펴본 블록체인 기술의 투명성과 불가역성으로 말미암아 후원금 내역을 임의로 수정하는 것이 불가능해, 최근 사회적으로 문제가 된 '정의연 사태'와 같은 문제가 발생했을 때 후원금 내역을 소명하는 것이 가능하다.

또한 체리의 특징 가운데 하나는 다음 세대를 위한 편리하고 손쉬운 후원 플랫폼이라는 것이다. 국세청의 2019년 국세 통계에 따르면 MZ세대라고 불리는 10대, 20대 기부자는 전체 기부자의 2퍼센트에 불과한 것으로 나타난다. 그런데 체리 사용자를 보면 2020년 6월 기준 전체 사용자의 53퍼센트가 10대, 20대인 것으로 나타났다. 후원에 상대적으로 관심이 적은 젊은 세대를 그들이 익숙한 모바일 환경의 후원앱을 통해 대거 유입시킬 수 있다는 것이 체리의 큰 장점 중 하나다.

기부자 연령 통계

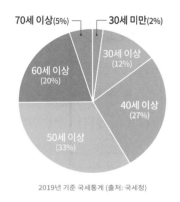

70세 이상(5%)
30세 미만(2%)
30세 이상 (12%)
60세 이상 (20%)
40세 이상 (27%)
50세 이상 (33%)

2019년 기준 국세통계 (출처: 국세청)

체리 사용자

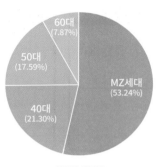

60대 (7.87%)
50대 (17.59%)
MZ세대 (53.24%)
40대 (21.30%)

2020년 6월 기준

[표 11-2] 연령별 기부 통계 vs 체리 사용자 통계

앞서 살펴본 전통적인 후원 방법으로 후원했을 경우 후원자와 수혜자(선교 단체나 선교사) 간에 소통이 잘 안된다. 기존에 알고 있는 후원자라면 이메일이나 다른 채널로 기도 편지 등을 보내 소통할 수 있겠지만, ARS 등 불특정 다수가 후원한 경우라면 후원 이후 소식을 전하는 것이 어렵다. 그러나 체리는 후원자들에게 후원 이후 선교 소식을 전할 수 있는 다양한 방법을 지원하고 있다. 각 모금 캠페인별로 모금 소개, 나눔 내역, 소식을 전할 수 있다.

[그림 11-5] 후원자에게 소식 전달 화면

8. 선교 후원 앱 체리 사용법

체리 앱을 앱스토어나 플레이스토어에서 검색해 다운로드하면 범용의 기부 앱이 설치된다. 이 상태에서 선교 단체의 가입 링크나 QR 코드를 통해 선교 단체에 가입할 수 있다. 이렇게 선교 단체에 가입하고 나면 체리의 첫 화면이 선교 단체 화면으로 바뀐다.

[그림 11-6] 체리 앱 설치하기

[그림 11-7] 선교 단체 회원 가입

선교 단체의 회원 가입 후 선교 단체의 다양한 모금함과 캠페인을 후원하거나 선교 소식을 볼 수 있고, 선교 단체의 온라인 예배에 참석하거나 줌 미팅에 참석하는 것 등을 체리 플랫폼에서 할 수 있다.

9. 체리의 선교적 사용법

선교 후원을 하는 방식은 크게 다음과 같이 나뉜다.

1) 선교 단체 후원

선교 단체를 일시 후원이나 정기 후원한다. 체리의 모금함 기능을 이용해 상시 후원할 수 있도록 하면 효

[그림 11-8]
체리 첫 화면:
선교 단체
전용 화면

과적이다. 선교 단체를 상세히 소개할 수 있고, 선교 단체의 홈페이지 링크를 체리에 삽입할 수도 있다.

2) 선교사 개인 후원

선교사 개인을 일시적으로 후원하거나 정기적으로 후원한다. 체리의 모금함 기능을 이용해 상시 후원할 수 있도록 하면 효과적이다. 선교사의 개인 사역을 사진이나 영상, 글을 통해 상세하게 소개할 수도 있다.

3) 선교 프로젝트 후원

특정 선교 프로젝트를 후원한다. 목표 금액과 모금 기간이 있고, 후원금 사용 계획 등이 있는 경우가 일반적이다. 체리의 캠페인 기능을 이용해 선교 프로젝트의 내용을 사진, 영상, 글을 통해 상세히 소개하여 후원자에게 홍보할 수 있다.

4) 선교지 기부

선교지를 인도적 차원에서 도울 수도 있다. 예를 들어 지진으로 어려움에 처한 선교지를 돕는 캠페인을 체리를 통해 열 수 있다. 이러한 경우 완전 공개 캠페인으로 일반인 대상 후원 모금을 할 수 있어 효과적이다.

체리에는 선교 후원 외에도 다양한 기능이 탑재되어 있다.

① 공지사항: 선교 단체나 선교지의 소식을 첫 화면에서 확인할 수 있다.

② 온라인 예배 / 온라인 모임: 실시간 온라인 예배나 줌 등 화상회의를 통한 온라인 모임이 가능하다.

③ 교육 신청 / 회비: 교육이나 행사 신청과 회비 납부를 할 수 있다.

10. 체리를 사용하는 선교 단체와 기관

체리를 사용하는 선교 단체는 다음과 같다. 이 외에도 많은 교회와 기독교적 가치를 가진 기부 단체 100여 곳에서 체리를 사용하고 있다.

FMnC 선교회

GMP 선교회

한국 빌리그래함전도협회(BGEA)

GBT 선교회(성경번역선교회)

HOPE 선교회

YWAM(예수전도단)

(사)아시안미션

올피플

인천한나라선교센터

뉴미니스트리

네오미션 등

[표 11-3] 체리를 사용하는 선교 단체(2020년 12월 기준)

11. 체리의 선교적 활용 사례

선교 단체에서 체리를 사용해 다음과 같은 다양한 선교 후원을 모금했다. 단순한 후원 모금뿐 아니라 코로나19로 여름수련회(MC, Mission Conference)를 못 하게 된 YWAM(예수전도단)의 경우 체리를 통해 선배들이 MC 예산을 후원해 주고, 재학생은 선교지에 마스크를 보내는 캠페인을 일반인과 함께하는 등 다양한 방법으로 활용하고 있다.

1) 선교 단체 후원과 선교사 후원: FMnC 선교회

FMnC 선교회 본부 후원, Search For Jesus(SFJ) 같은 지속되는 선교 프로젝트 후원, 선교사 후원 등 다양한 후원을 하고 있다.

[그림 11-9] 체리 사용 사례 – FMnC 선교회

2) 선교 훈련 교육 신청과 회비 납부: GMP 선교회

GMP 선교회는 선교회 본부 후원과 다양한 선교 후원뿐 아니라 선교 교육 신청과 교육비를 체리를 통해 납부 받았다.

[그림 11-10] 체리 사용 사례 – GMP

3) 온라인 여름수련회 예산 마련과 기부 연계 온라인 행사: YWAM(예수전도단)

YWAM 대학 사역의 경우에는 매년 MC를 개최한다. 2020년에는 코로나19로 부득이하게 비대면 MC를 개최하게 되었다. 비대면 MC라고 해도 예산이 필요한데, 그렇다고 해서 학생들에게 회비를 받기도 어렵고 해서 체리를 통해 졸업생을 대상으로 MC를 후원하는 캠페인을 열었다. 또한 재학생에게는 1만 원을 기부하여 선교지 난민에게 마스크를 보내자는 캠페인을 열었다. 졸업생에게 직접 후원을 받기는 쉽지 않았지만 체리를 통해 캠페인 링크를 문자로 보내 졸업생이 손쉽게 후원에 참여할 수 있었고, 그 결과 목표 금액인 2,020만 원을 초과 달성했다.

[그림 11-11] 체리 사용 사례 – YWAM의 대학 사역

4) 비대면 참여형 걷기 기부 캠페인: 월드휴먼브리지와 안양감리교회

안양감리교회에서는 매년 월드휴먼브리지와 함께 걷기 기부 행사를 개최했는데, 2020년에는 코로나19로 행사 개최가 어려웠다. 그래서 체리에 비대면 걷기 기부 행사를 할 수 있도록 기능을 추가했다. 후원자가 2만 원을 후원하고 걷기 행사에 참가 신청을 하면, 집으로 참가 티셔츠를 보낸다. 이때 필요한 정보인 티셔츠 사이즈 신청과 집주소 등을 체리를 통해 접수 받았다. 걷기대회 당일에는 가족 단위로 서로

다른 장소에서 체리를 들고 걸으면 몇 걸음을 걸었는지가 표시되고, 실시간으로 참가자 순위도 표시되어 재미있게 행사를 진행했다. 미션을 끝낸 뒤 SNS에 올릴 수 있는 인증서를 즉석으로 발행해 SNS를 통해 걷기 기부 행사에 미션 완수를 뽐낼 수도 있었다.

[그림 11-12] 비대면 걷기 캠페인

5) 참여형 모금 행사: 다일복지재단

코로나19로 참여형 행사를 하기가 어려운 시기에 체리를 통해 다양한 참여형 행사를 할 수 있다. 한 가지 사례로 다일복지재단과 함께 체리 크리스마스 리스 만들기 DIY 키트 증정 캠페인을 개최했다. 체리에서 성탄절을 축하하고 기념하면서 1만 원을 기부하면 크리스마스 리스를 만들 수 있는 DIY 키트를 집으로 보내 주었다. 또한 플로리스트 엘렌의 리스 만드는 동영상을 체리에서 시청할 수 있어 동영상을 보면 초보자도 쉽게 예쁜 리스를 만들 수 있었다. 리스를 완성해 인스타그램에 올리면 예쁜 리스를 만든 사람을 시상하는 재미있는 이벤트도 진행되었다. 이처럼 체리에서는 후원자와 함께 소통하며 참여형 기부 캠페인을 벌이기가 용이하다.

[그림 11-13] DIY 체리 크리스마스 리스 만들기 캠페인

체리를 이용하면 후원자들에게 후원 참여를 독려하는 홍보를 하기가 쉽다. 카카오톡이나 문자로 캠페인 링크를 복사해 보내기만 하면 된다. 해당 링크를 클릭하면 체리가 설치되지 않은 경우 앱 설치 화면으로 이동하고, 체리가 설치된 경우에는 바로 해당 캠페인 후원 페이지로 이동한다.

또한 신문이나 동영상 등에서 후원을 홍보하기 위해서는 해당 캠페인의 QR 코드를 비치하면 된다. 다음 사진은 금란교회에서 '새길과새일'과 함께 진행했던 코로나19로 지친 중랑구 의료진을 돕는 캠페인 관련 기사인데, 신문 광고에 QR 코드를 넣어 일반인도 손쉽게 후원에 참여하도록 홍보했다([그림 11-14]).

[그림 11-14] QR 코드를 이용해 후원 캠페인을 홍보한 신문 광고

12. 체리의 선교적 의미

처음에 제시한 두 가지 질문에 대해 체리에서 답을 찾아본다면, 그것이 체리가 갖는 선교적 의미가 되리라고 생각한다.

**1) 어떻게 건강한 선교 후원 생태계를 만들어 선교 재정의 건전성을 확보할
수 있을까?**

① 후원 생태계: 후원자(교회, 성도, 그리스도인 기업)와 수혜자(선교 단체,
선교사, 선교지)가 한 플랫폼에서 서로의 필요를 충족시킬 수 있다면
건강한 후원 생태계가 만들어질 것이다. 체리에는 기부와 교회 통
합 플랫폼, 선교 통합 플랫폼이 하나의 플랫폼으로 존재한다. 교
회와 성도들은 체리를 통해 헌금하고, 온라인 예배와 QR 체크인
기능을 이용할 수 있다. 선교 단체와 선교사, 선교지를 돕는 캠페
인을 체리에서 열 수 있다. 또한 체리 파트너스 기업들이 체리를
후원하고 있는데, 많은 그리스도인 기업들이 체리 파트너스로 가
입해 있다.

② 모든 그리스도인이 선교에 참여하면 선교의 완성이 이뤄질 수 있
는데, 스마트 선교를 통해 이것이 가능해졌다. 마찬가지로 모든
그리스도인이 선교 후원에 참여하면 선교 재정의 건전성을 확보
할 수 있다. 지금 모든 그리스도인이 체리를 사용하도록 교회의
다양한 필요를 충족시켜 주는 기능을 추가해 가고 있다. 예를 들
어 오프라인 예배의 QR 체크인 기능뿐 아니라 온라인 예배의 출
석 관리 기능 등 시대에 따른 교회의 필요를 충족시킬 수 있는 기
능을 계속 추가해 모든 그리스도인이 사용하는 플랫폼으로 발전
시키고 있다.

③ 체리 플랫폼 사용료는 물론이고 이체 수수료 등 전혀 비용 부담
이 없다(간편결제 이용 시). 또한 후원 이후 후원금이 어떻게 사용되
는지 소통할 수 있는 기능도 있다.

2) 어떻게 모든 그리스도인이 적은 금액이라도 선교 후원에 참여하게 할 수 있을까?

① 스마트폰만 있으면 체리를 통해 언제 어디서나 누구나 아무리 적은 금액이라도 손쉽게 선교 후원에 동참할 수 있는 마이크로 미션 펀딩이 가능하다(예, 마이크로 도네이션).

② 모든 그리스도인이 체리를 이용해 후원에 참여하도록 하려면 무엇보다 쉽게 사용할 수 있어야 한다. 체리는 처음 한 번만 결제 수단을 등록해 두면 이후로 6자리 암호만 입력하여 쉽게 후원할 수 있다.

③ 어떻게 알릴 것인지 궁금할 것이다. 교회의 헌금 플랫폼, 기부 플랫폼과 함께 하나의 플랫폼 안에 있다 보니 쉽게 노출된다. 또한 체리에는 SNS에 공유 기능이 있어서 SNS에 쉽게 홍보할 수 있고, 단톡방이나 문자로 지인에게 쉽게 추천할 수도 있다.

13. 향후 발전 방향

앞으로 체리는 선교 후원을 넘어 선교 통합 플랫폼이 되는 비전을 품고 있다. 선교지의 선교 사역자들과 국내 재능 기부자(성도)들을 연결하거나, 선교지의 물품을 판매하여 선교 후원금으로 사용할 수 있는 선교지 물품 마켓플레이스 기능 등 선교에 필요한 직접적인 후원 외에도 다양한 기능을 추가해 선교 통합 플랫폼으로 발전시키고자 한다. 아직 국내에서만 사용 가능한데, 해외에서도 사용 가능하도록 글로벌라이즈도 필요하다. 또한 기부 시스템의 가장 큰 숙제인 기부한 후원금이 어떻게 쓰였는지 End-to-End로 트레킹이 가능한 마이크로 트레킹 기능도 체리가 풀어 나가야 할 숙제다. 마지막으로 다양한 커뮤니티 기능과 메신저 등 커뮤니케이션 기능을 탑재하여 회원(선교 단체 회원이나 교회 성도) 간의 소통과 유대감을 높이는 기능을 추가하는 것도 체리의 향후 계획에 들어가 있다.

단체 가입 신청: https://bit.ly/3n2TGHk

체리 앱 다운로드: https://cherry.charity/public/goAppStore

에필로그

무엇보다 하나님께 감사드린다. 혼자서는 엄두조차 낼 수 없던 책을 여러 사람이 함께 쓸 수 있게 해주심에 감사하다. 선하신 하나님이 선하게 인도하셨다. 또한 이 책이 나오기까지 보이지 않는 곳에서 수고한 많은 분께 감사드린다. 특별히 이 책이 출간되도록 전체 코디네이터를 맡은 이호수 고문께 감사드리고, 모든 모임을 조율하고 미팅을 진행했던 여호수아 선교사에게도 감사드린다. 이들이 없었다면 이 책은 세상에 나올 수 없었을 것이다.

이 책에 기술된 대부분의 내용은 FMnC 선교회에서 진행되는 SVS(스마트 비전 스쿨)의 훈련 내용이다. 2014년에 ITMS 훈련으로 시작하여 7년째 진행되었고, SVS라고 이름을 바꾼 이후 13회째 훈련을 진행했다. 또한 SVS는 작년 코로나 팬데믹으로 이론 중심의 교육에서 프로젝트 중심의 교육으로 완전히 바뀌었다. 코로나 팬데믹 이후 SVS 훈련은 온라인 양방향 화상 교육의 형태로 줌과 같은 도구를 활용해 진행하고 있다. 특별한 홍보 없이도 매 기수마다 60-70여 명의 선교 관심자들이 훈련을 받았다. 온라인 비대면 훈련을 통해 제자들이 생겨나는 모습을 보면서 이 시대에 알맞은 선교 방법을 찾아가고 있음을 느낀다. 작년에 훈련받은 사람들 가운데 몇 사람은 올해 훈련을 진행하는 사람으로 그 위치가 바뀌었다. 10주라는 짧은 훈련 기간을 통해 제자가 제자를 삼는 모습을 보는 기쁨은 이루 형언할 수 없을 정도다.

우리는 코로나 팬데믹 이전에는 생각하지 않았던 방법을 통해 새로운 제자 훈련을 진행하고 있다. 뉴노멀, 새로운 표준이 통하는 시대다. 이 책에 소개한 방법은 이런 표준을 시도하고, 자리를 잡아가는 과정에 필요한 내용이라고 생각한다. 모든 것을 알아서 시도했다기보다는 실험정신을 가지고 시도하는 가운데 만들어진 것들이다. 그래서 앞으로도 다양한 시도를 하고, 그 결과를 공유하길 소망한다. 사실 다른 사람들이 만들어 놓은 표준을 따라가는 경우가 흔하다. 그러나 우리는 하나님의 자녀로서 새로운 표준을 만들어 가고 싶다. 하나님이 그분의 자녀인 우리에게 새로운 정신과 마음, 창의력을 부어 주시기를 기도한다. 그리고 하나님 나라의 뜻이 이 땅에 이뤄지기를 바란다. 이 세상에 영원한 표준은 없다. 세상이 바뀌면 표준도 바뀐다. 변화의 시대에 하나님이 기뻐하시는 표준을 만들고, 하나님과 이 시대의 사람들을 섬기는 우리 모두가 되길 소망한다.

부록 1

저자 소개

_ 김인환(FMnC 선교회 산호세 간사, Intel)
1996년 일리노이주립대학교 컴퓨터공학과를 졸업한 저자는 1996년부터 2016년까지 Altera Corp.에서 회로 설계를 했으며, 2016년부터는 Intel Corp.에서 회로 설계를 하고 있다. 현재 사는 곳은 미국 서부에 위치한 캘리포니아 주에 있는 산호세다. 2016년부터 FMnC 선교회의 산호세 지부 간사로 헌신하고 있으며, 2015년부터 스크래치를 통한 선교를 해 오고 있다. 지역 선교와 단기 선교를 통해 스크래치와 복음을 전하고 있다.

_ 김재석(SFJ 한국 사역 디렉터)
방황하던 대학 시절에 예수님을 영접한 후 옥한흠 목사님이 지도하시던 성도교회 대학부에서 제자 훈련을 통해 선교적 제자의 삶을 살기로 했다. 연세대학교 전기전자공학부 교수로 재직하면서 청소년과 대학생을 위한 다양한 복음적 사역에 헌신했고, 방학과 안식년 기간 수차례의 단기 선교를 통해 선교 현장을 섬겼다. 또한 GBT 선교회 실행이사를 역임하고, FMnC 선교회 이사와 스마트 선교사로 섬기고 있다. 현재는 빌리그래함전도협회가 주관하는 SFJ 온라인 전도 사역의 한국 디렉터를 맡고 있다.

_ 김종훈(선교사)
1999년 성균관대학교 경제학과를 졸업한 저자는 IT 벤처 기업에서 3년간 일했고, 이후 MVP 선교회를 통해 2004년 중동의 I국 선교사로 파송 받았다. 현재는 중동의 T국에서 아프간과 이란 난민을 섬기고 있다. AANC(아프간 교회 공동체)와 빅드림스쿨(난민 교육)을 설립했고 온라인 아웃리치 사역을 하는 라스트콜(Last Call)을 설립하여 공동 대표를 맡고 있다. 현재 20여 명의 현지인 사역자와 아프가니스탄 복음화를 위한 총체적 사역에 집중하고 있다. 또한 한국의 한 제약회사인 지엘라파의 현지 지역 소장을 맡고 있다.

_ 김태형(선교사, 스마트 선교 개발)
부경대학교에서 전산학을 전공하고 고려신학대학원을 졸업한 뒤 교역자로 사역해 왔다. IT를 통한 선교 비전을 품은 저자는 교회용 모바일 투표 솔루션인 스마트보트, 교회 사역 플랫폼 ChurchQR, 단기 선교를 위한 비전트립 앱 등을 개발한 개발자이기도 하다. 현재 선교 현장에서 IT 기술을 보급하고, 이를 통해 복음을 전하며 태국에서 미얀마 이주 노동자들을 위한 선교 사역을 감당하고 있다.

_ 이수정(FMnC 스마트 선교사, 이포넷 대표)

컴퓨터공학을 전공하고 1995년 이포넷(E4Net)을 창업하여 대표를 맡고 있는 저자는 2015년 FMnC 국내 1호 스마트 선교사로 파송 받아 스마트 선교 교육과 동원 사역에 힘쓰고 있다. 선교 재정 동원을 하던 중 비전을 받아 블록체인 기반 후원 플랫폼 '체리'를 구축해 운영하고 있다. 현재 FMnC 선교회 이사, 충신교회 교사와 스마트 선교사로 섬기고 있다.

_이윤석(FMnC 선교회 총무)

저자는 KAIST에서 경영학 박사 학위를 받은 후 삼성SDS에서 책임 컨설턴트로, 포스코경영연구소에서 연구위원으로 일했다. 이후 목회자로 부르심을 받고 총신대학교에서 조직신학으로 박사 학위를 받았다. 대한예수교장로회 합동 교단 소속 목사로 현재 독수리기독학교 연구소장, 보배교회 협동목사, FMnC 선교회의 사역 총무로 섬기고 있다. 저서로는 《4차 산업혁명과 그리스도인의 삶》, 《성화란 무엇인가》, 《조나단 에드워즈의 성화론》, 《현대 칭의론 논쟁》(공저) 등이 있다.

_ 전생명(선교사, 전 FMnC 선교회 대표)

선교에 대해 전혀 몰랐던 저자는 5개월간의 런던 출장 기간 중 다양한 외국인과 미전도 종족과의 만남을 통해 선교에 눈을 떴다. 1995년 인터넷이 상용화되는 것을 보며 교회와 전도에 큰 변화를 맞게 되리라 예상하고 PC통신과 인터넷 홈페이지를 통해 말씀 묵상을 나누기 시작했다. 2001년 뜻을 같이하는 선후배들과 FMnC 선교회를 설립했고, 2013년부터는 스마트 선교를 하며 스마트 선교사 세우는 일을 하고 있다.

_ 최서우(미디어 선교사, 세계인터넷선교협의회)

고등학교 시절 KBS 청소년 드라마 제작에 참여한 경험이 있는데, 이를 계기로 대학에서 방송영상을 전공하고 교내 방송국장을 지내기도 했다. 영상에 큰 흥미를 느끼게 된 저자는 졸업 후 MBC '꼭 한번 만나고 싶다' 등의 프로그램을 제작하다가 군에서 만난 하나님을 영상으로 표현하고 싶어 기독교 방송국에 재직하며 약 14년간 다양한 콘텐츠를 제작했다. 그중약 6년간은 아랍 지역에서 지사를 개척하는 가운데 선교사로서의 정체성을 갖게 되었다. 현재는 세계인터넷선교협의회 소속 미디어 선교사로 선교적 콘텐츠 제작, 미디어 강의, 유튜브 관련 사역을 진행하며 온라인을 선교지로 품고 미디어 사역을 하고 있다.

챕터별 담당자 연락처

페이스북: 여호수아 (fmncweb@gmail.com)

블로그: 전생명 (entirelife1@gmail.com)

유튜브: 이정민 (fmncvs@gmail.com)

Search for Jesus: 김재석 (jaekim@yonsei.ac.kr)

비전트립 앱: 배필립 (vtapp@all4web.kr)

스크래치 코딩 스쿨: 박준호 (wowsnc1@gmail.com)

컴퓨터 센터 구축 프로젝트: 조우성 (wtitkorea@gmail.com)

온라인 예배: 김태형 (inu4j@naver.com)

DDBC: 김준환 (kimjuly1985@gmail.com)

체리: 이수정 (sjlee@e4net.net)